AI審査モデルの基礎知識

モデルのしくみと信用リスク管理

尾木 研三 ［著］
OGI KENZO

一般社団法人 金融財政事情研究会

推薦のことば

　本書は、著者が日本政策金融公庫国民生活事業本部において、リスク計量化業務はもちろんのこと、その他のさまざまな業務で培われた豊富な知識と経験に基づき、信用スコアリングモデルの使い方、構築方法などをまとめたものである。『スコアリングモデルの基礎知識——中小企業融資における見方・使い方』（2017年5月刊行）の刊行以来、5年が経過し、最近のAIブームは信用スコアリングモデルにも影響を与え、タイトルも「スコアリングモデル」が「AI審査モデル」に変わっている。

　本書は、従来のスコアリングモデルの定番であるロジスティック回帰モデルをホワイトボックス型、機械学習手法であるランダムフォレストなどをブラックボックス型として、その両方を含む意味でAI審査モデルと呼び、分かりやすく、その要諦をまとめている。現在のところ、一般的な呼称は「スコアリングモデル」であり、すぐに本質的に何かが変わるわけではないが、徐々にAI審査モデルと呼ぶ方がなじむ時期が来るだろう。

　貸出に伴う信用リスクの管理は、個別管理からポートフォリオ管理へと移行しており、現在、多くの金融機関が融資に際し、信用スコアリングモデル（ホワイトボックス型のAI審査モデル）を利用している。個別管理では「デフォルトしそうな企業には貸さない」というのが基本的な融資態度であった。しかし、ポートフォリオ管理では融資企業全体で収益管理を行うため、スコアリングモデルの導入により「統計的に」各企業の信用度合いを評価し、それに応じて金利を変更して（リスク対応金利で）融資を行うことにより、収益改善のチャンスを増やすことができる。

　さらに、スコアリングモデルの導入は信用度合いに応じて審査の程度を変えることができる。スコアの高い企業の審査を簡単にする代わりに、定量的判断では融資が難しいと評価された企業に対して融資判断の審査に時間をかけることができる。このように、信用スコアリングモデルは融資業務の重要な意思決定支援ツールであり、今後ますます、その精度の向上および適切な

利用が銀行経営に大きな影響を与えることになる。

　融資業務を行う担当者は AI に取って代わられるのか？　最近、よく聞く問いである。答えは、Yes でも No でもある。信用スコアリングモデルによる融資評価以上に適切な評価および判断ができない融資担当者は、収益の改善および信用リスクの管理に貢献することができず、不要になる可能性がある。今後、バンカーに求められるのは、AI と共存し、モデルの知識および利用法も正しく理解できることであるといっても過言ではない。

　コロナ禍によって、特に飲食業や観光業の資金繰りが厳しくなり、迅速な融資の重要性が露わになった。もちろん、安易な融資は許されないし、現状ではどうしても迅速に対応できない部分も残っている。慎重審査とのバランスを考える必要はあるが、実務においてもブラックボックス型を含めて AI 審査モデルの精度が担保されれば、緊急時においても迅速な対応が可能となるだろう。そのような意味でも、AI 審査モデルに対する理解と発展は今後不可欠になっていく。

　著者の尾木氏とは、2008年4月からスコアリングモデル構築に関する共同研究を始めて以来、ディスカッションを重ねている。本書には、その際に議論したモデル構築に不可欠な実務での知見が余すところなく詰め込まれており、これから AI 審査モデル（信用スコアリングモデル）を学びたいバンカーにとって、また信用リスクを勉強しているが実務経験のない学生たちにとっても必須の書となるであろう。『スコアリングモデル…』と重複する部分もあるが、大部分が刷新されており、前書を読んだ方も含めて、本書も是非、多くの人に読んでいただきたい。

慶應義塾大学理工学部　教授

枇々木　規雄

はじめに

　本書は、2017年に出版した『スコアリングモデルの基礎知識』（以下「前著」という）の改訂版として、金融財政事情研究会の柴田翔太郎氏から企画をいただいた。執筆を始めると、最近5年間の新たな情報を織り込むうちに大部分が刷新され、新著となった。それだけ、スコアリングモデルの技術が進展し、活用が進んでいるということである。

　スコアリングモデルという言葉も陳腐化し、現在は、AI審査モデル、AI与信モデルと呼ばれることの方が多くなりつつある。そのため、本書のタイトルもAI審査モデルに改めた。スコアリング融資もAIスコアレンディング、データレンディングなどと呼ばれるようになった。

　筆者は、10年以上にわたり中小企業向けAI審査モデル（スコアリングモデル）の開発に携わっている。同時に、日本金融・証券計量・工学学会、日本オペレーションズ・リサーチ学会、応用経済時系列研究会、FinTech協会、与信管理協会などに所属し、AI審査モデルやスコアレンディングについて、大学や金融機関、事業会社に所属する専門家や実務家の方々と議論を重ねている。

　ここ数年、銀行、クレジットカード会社、AIスコアレンディングのフィンテック企業などの関係者と、AI審査モデルについて情報交換する機会が増えている。そのなかで、AI審査モデルについて危惧していることは、前著での指摘と同様に、モデルに対する過大な評価と過剰な期待が実務に与える負の影響である。最近は、ブラックボックス型と呼ばれる答えの導出過程が分かりにくく、しくみが複雑なタイプのモデルが注目されている。一般のバンカーでは評価が難しいこともあり、AIブームと相まって、過大評価と過剰な期待がまん延しているように思う。

　AIスコアレンディングは、AI審査モデルを活用した中小企業向けのオンライン融資で、すでに多くの銀行が取り組み始めている。中心的技術であるブラックボックス型AI審査モデルは、決算書の情報だけではなく、銀行口

座の入出金情報やクラウド会計データ、ネット通販の情報などを使用し、ランダムフォレストや多層ニューラルネットワークといった近年注目を集めている機械学習の手法を用いて、融資申込先企業の信用リスクを評価する。評価結果は信用スコアで示され、スコアに準じて融資の可否、金利や金額などの融資条件を自動的に決定する。

AIスコアレンディングは、申込みから融資金の振込みまでをオンラインで完結し、店舗も審査員も不要なので低コストで融資が可能になる。スマホやパソコンを使って非対面かつ短期間での資金供給を可能にする画期的な金融サービスである。コロナ禍をきっかけに注目度が増しているが、そのビジネスモデルは、2000年代に盛んに行われたスコアリング融資とほぼ同じである。

AI審査モデルはスコアリングモデルであり、ブラックボックス型モデルで用いられているランダムフォレストや多層ニューラルネットワークは、多くの銀行が現在用いているロジスティック回帰モデルと同様に機械学習の一つである。もちろん、決算書以外の情報を重要視したり、リアルタイムの情報を解析したりするなど、新しい視点や技術が用いられており、モデルの精度が大幅に向上する可能性を秘めている。ただ、現時点で飛躍的な精度向上は確認できていない。

そう考えると、AIスコアレンディングに対する過剰ともいえる期待がAI審査モデルの誤った使い方を促し、2000年代のときと同じように多額の不良債権を生むという失敗を繰り返しはしないかと筆者は危惧している。

前著と同様に、本書はAI審査モデルという道具の取扱説明書を企図している。掃除機や洗濯機、エアコンなどの家電製品には必ず取扱説明書が付いている。道具の使い方を誤れば、本来の性能を発揮できないばかりか、ケガや火災などを招きかねない。

AI審査モデルは、企業や個人に関する情報を入力すると、融資申込先の信用力を示すスコアを瞬時に出力する道具である。銀行はこの信用スコアを融資や信用リスク管理などに活用している。便利な道具であるが、使い方を誤ると、さまざまな問題を引き起こす。使用にあたっては、一人ひとりのバンカーが取扱説明書をよく読み、使用上の注意点を十分に理解する必要がある。

AI審査モデルや信用リスク管理に関する書籍を探すと、専門書はいくつか存在する。ただ、モデルの開発に携わるリスク管理部門のバンカーでなくとも理解できるようなレベルで書かれているものは少ない。専門書は、正確性や厳密性を確保するために、数学や統計学の解説に多くの紙面を割いている。前提として必要な知識であるものの、支店で勤務する大多数のバンカーにとってはハードルの高い知識であり、理解を進めるうえでの妨げになっていることは否めない。

　したがって、ほとんどのバンカーが、何となく理解しているレベルにとどまっていると思われる。そのため、モデルに関して少なからぬ誤解や混乱が生じている。たとえば、AI審査モデルを自動審査システムと理解しているバンカーもいる。今はまだ自動審査できる段階にはなく、その手前の審査支援システムの段階だ。

　モデルの性能を過信して誤った使い方を避けるためにも、多くのバンカーにAI審査モデルの正しい見方と使い方を身につけてもらう必要がある。それには、リスク管理部門のバンカーでなくとも分かるようなAI審査モデルの取扱説明書が必要である。

　本書は、事業ローンで使われているAI審査モデルを取り上げ、そのしくみと使い方、信用リスク管理の方法について解説する。住宅ローンや消費者ローンで使われているモデルも、しくみや使い方の基本は同じである。ただ、給与所得者に比べて、法人企業や個人企業の評価は難しいうえ、融資額が億単位になる高額案件が多いことなどから、事業ローンで使われるモデルは、使用上の留意点が多い。

　本書の構成は次のとおりである。**PART 1**では、中小企業向け融資におけるAI審査モデルの活用法について解説する。AIスコアレンディングが注目されている背景には、コロナ禍とAI技術の著しい進歩があるが、明らかに性能が過大評価されている。**PART 1**では、改めて、AIスコアレンディングの現状と課題を整理するとともに、AI審査モデルの活用法について考える。

　PART 2では、AI審査モデルのしくみを可能な限り簡潔に解説する。ブ

ラックボックス型のしくみは、その名のとおり解釈性が低く、ブラックボックス化しているが、従来型（ホワイトボックス型）と基本的なしくみは同じである。ホワイトボックス型のしくみを中心に解説しつつ、ブラックボックス型のしくみについても解説する。

また、PART 2 では、数式も掲載しているが、苦手な読者は読み飛ばしていただいてもよい。数式が分からなくても、モデルのしくみを実感できるように、Microsoft Excel を使った簡単な演習を掲載しているので、是非試してほしい。

PART 3 では、AI 審査モデルを使用したときの信用リスク管理の方法について、個別与信管理と与信ポートフォリオ管理の二つの視点から述べる。個別与信管理は、これまで銀行が行ってきた伝統的な管理方法であるが、モデルを活用した近代的な管理方法を紹介する。与信ポートフォリオ管理は、支店で勤務する多くのバンカーにとってなじみが薄いと思うので、紙面を割いて丁寧に説明する。

PART 4 では、AI 審査モデルの最新技術について、筆者らの研究グループの成果を紹介している。やや専門的な内容も含まれているので、時間のあるときにじっくり読んでいただければ理解が深まるであろう。

繰り返しになるが、本書は専門書ではなく、AI 審査モデルの取扱説明書を目指している。筆者は、最終的には理系の大学院に籍を置いたが、学部も大学院（専門職）も文系である。多くのバンカーと同様に、数学や統計学で悪戦苦闘した経験をもっている。その経験を踏まえて、しくみや使い方の理解に影響しないように配意しつつ、できる限り数学や統計学の記述を減らし、定性的な解説を心掛けた。その結果、数学や統計学の厳密性を犠牲にしている点をご容赦いただきたい。

なお、「☞ p.XX」は用語の意味や定義の詳細が書かれたページ番号である。また、補足的な内容は「Memo」として別立てにした。多忙な読者が、これらを読み飛ばしても全体の流れに影響しないように工夫した。内容は初歩的な解説にとどめているので、より深く、幅広い知識を身につけたいと思う読者は、適宜、本書の参考文献に記載されている専門書を読むことをお勧

めする。

　本書の刊行にあたり、金融財政事情研究会の柴田翔太郎氏に多大なるご支援をいただいた。筆者の恩師であり、共同研究者でもある慶應義塾大学理工学部教授枇々木規雄先生には、本書の執筆のみならず、長年公私にわたってご指導ご鞭撻、ご支援をいただいている。この場を借りて深く感謝の意を表したい。また、前著のはしがきにも掲げた、前与信管理協会会長で早稲田大学第14代総長の奥島孝康先生、早稲田大学名誉教授でTMI総合法律事務所顧問の堀龍兒先生をはじめとした皆様に多くのご支援をいただいたことをお礼申し上げたい。

　同じく、一般社団法人与信管理協会名誉会長で弁護士の故・松嶋英機先生、同・前副会長で同志社総長の八田英二先生、同代表理事・会長で千葉商科大学客員教授の大宮有史先生、日本CFO協会主任研究委員の末松義章先生、同協会理事で株式会社ジンテック代表取締役の栁秀樹社長には、与信管理協会の活動を通じて与信管理やリスク管理、フィンテックの実務について、法律や経済、国際的な観点からさまざまなご指導をいただいた。また、慶應義塾大学名誉教授森平爽一郎先生、早稲田大学大学院経営管理研究科教授竹原均先生には、日頃からさまざまな場面でご指導ご鞭撻いただいている。厚くお礼申し上げる。

　本書の出版は、リスク管理に関する調査研究業務の一環として実現したものであり、このような株式会社日本政策金融公庫国民生活事業本部の寛大な姿勢に感謝申し上げる。職場の上司である松岡裕之取締役、渡邉正博取締役、中澤亨特別参与、山藤泰之前リスク管理部長（現四国地区統轄）甲斐毅リスク管理部長には、多くの配慮と温かいご支援をいただいた。また、職場の同僚である栗原隆行氏（現大阪南支店）、戸城正浩氏、内海裕一氏、佐々木真佑氏、引寺佑輔氏、峰下正博氏に多大なるご助力を受けた。心から感謝したい。

　本書は、筆者の実務経験や学術研究活動のなかで得た知識をもとに執筆したものであり、示されている内容はすべて筆者個人に属するものである。本書で紹介する事例や手法も公庫が実際に行っているものとは異なる。また、

融資や信用リスク管理など、業務の基本は同じでも、考え方や業務フローなどは政府系と民間では異なる点が少なくない。できる限り多くのバンカーに理解してもらえるように民間金融機関のバンカーなどへのヒアリングに努めて記述したが、不十分な点が多々あることを自認している。それでも、本書によって一人でも多くのバンカーが AI 審査モデルに対する正しい知識を身につけ、使いこなしていただくための一助になれば幸いである。

尾木　研三

目 次

PART 1　中小企業融資における AI 審査モデルの活用法

1.1　AI スコアレンディングの概要……………………………………3
  1.1.1　AI とは何か…………………………………………………3
  1.1.2　AI 審査モデルの種類………………………………………5
  1.1.3　AI 審査モデルの歴史と評価………………………………9
  1.1.4　AI スコアレンディングのスキーム……………………12
  1.1.5　課題はデータのデジタル化………………………………13

1.2　AI 審査モデルの特徴……………………………………………16
  1.2.1　ホワイトボックス型とブラックボックス型……………16
  1.2.2　ブラックボックス型が使用する主な情報源……………17
  1.2.3　ブラックボックス型が使用する具体的な情報…………20
  1.2.4　ホワイトボックス型の限界………………………………23

1.3　AI スコアレンディングの現状と課題…………………………26
  1.3.1　国内外の現状………………………………………………26
  1.3.2　精度向上の課題はデータの質と量………………………31
  1.3.3　技術的課題と専門人材の育成……………………………33

1.4　活用の留意点……………………………………………………34
  1.4.1　融資業務におけるモデル活用の方向性…………………34
  1.4.2　スコアリング融資失敗の要因……………………………35
  1.4.3　失敗から学ぶ………………………………………………38

1.5　AI 審査モデルの活用方法………………………………………39
  1.5.1　審査の前後工程での活用…………………………………39
  1.5.2　審査での活用………………………………………………41
  1.5.3　部分自動審査に向けた段階的活用………………………44

PART 2 AI審査モデルのしくみ

2.1 モデルの構造 ………………………………………………………52

  2.1.1 デフォルト確率算出のしくみ ……………………………52

  2.1.2 線形回帰モデル …………………………………………56

  2.1.3 ロジスティック回帰モデル ……………………………63

  【Memo】z_i の意味 …………………………………………65

  【Memo】損失関数と機械学習 ……………………………67

  【Memo】デフォルトの定義 ………………………………75

  2.1.4 ランダムフォレスト、勾配ブースティング …………76

  【Memo】オーバーフィッティング（過学習）…………81

  2.1.5 ディープラーニング（深層学習）……………………82

  【Memo】教師あり学習と教師なし学習 …………………83

  【Memo】Feature Importance ………………………………84

  【Memo】ニューロンの算出方法 …………………………85

2.2 モデル構築のプロセス ……………………………………………85

  2.2.1 変数候補の選択 …………………………………………86

  2.2.2 データ収集とデータクリーニング ……………………87

  2.2.3 変数候補の絞り込み ……………………………………96

  【Memo】相関係数 …………………………………………98

  【Memo】多重共線性（マルチコ）………………………99

  2.2.4 モデル構築 ………………………………………………100

  2.2.5 信用格付けの決定 ………………………………………101

  【Memo】スコアから一次格付けを決める方法 …………103

  【Memo】格付け推移（遷移）行列 ………………………104

2.3 モデルの評価・検証方法 …………………………………………106

  2.3.1 序列性の検証（AR値）………………………………108

  2.3.2 PDの一致性の検証 ……………………………………113

  【Memo】データの質とモデルの精度 ……………………114

【Memo】ブライアスコア……………………………………………115
　2.3.3　インサンプルテストとアウトオブサンプルテスト…………116
　2.3.4　正解率、適合率、再現率、F 値…………………………118
　2.3.5　複数モデルの比較検証……………………………………119
2.4　モデルで評価できること、できないこと…………………………121
　2.4.1　モデルで評価できること…………………………………121
　2.4.2　モデルで評価できないこと………………………………123
　2.4.3　統計上の留意点……………………………………………124

PART 3　AI 審査モデルを使った信用リスク管理

3.1　銀行の信用リスク管理の概要…………………………………129
　3.1.1　信用リスクとは何か………………………………………129
　3.1.2　二つの信用リスク管理手法………………………………131
　3.1.3　信用リスク管理の対象と管理のポイント…………………136
【Memo】大数の法則………………………………………………143
3.2　近代的個別与信管理……………………………………………143
　3.2.1　個別与信管理の概要………………………………………143
　3.2.2　EAD・PD・LGD の計測……………………………………145
【Memo】モデルで算出した PD を使用しない背景…………………146
　3.2.3　個別企業のリスクコントロール……………………………148
3.3　与信ポートフォリオ管理① ── EL 管理………………………150
　3.3.1　EL と UL……………………………………………………150
　3.3.2　EL の計算方法と留意点……………………………………154
　3.3.3　EL のマネジメント…………………………………………158
3.4　与信ポートフォリオ管理② ── UL 管理………………………167
　3.4.1　UL の計算方法と留意点……………………………………167
【Memo】自己資本管理の留意点…………………………………171
　3.4.2　UL のマネジメント…………………………………………172

【Memo】発生確率の計算方法 ･･････････････････････････････178

3.4.3 与信ポートフォリオ管理の実務と課題 ･･････････････184

【Memo】リスクウェイト関数 ･･･････････････････････････････186

【Memo】VaR の問題点──期待ショートフォール ･･････････････188

PART 4 　AI 審査モデルの最新技術

4.1 ブラックボックス型 AI 審査モデル ･････････････････････190

4.1.1 使用したデータの概要 ･･････････････････････････191

4.1.2 モデルのタイプと評価方法 ･･････････････････････191

4.1.3 ブラックボックス型モデルの効用 ･････････････････192

4.2 経営者の資質を評価する技術 ･･････････････････････････194

4.2.1 使用したデータの概要 ･･････････････････････････196

4.2.2 人的変数を関数近似したロジスティック回帰モデルの構築 ･･････196

4.2.3 ブラックボックス型モデルの構築 ･････････････････200

4.2.4 ホワイトボックス型とブラックボックス型の精度比較 ･･･････201

4.3 景気変動を考慮する技術 ･･････････････････････････････202

4.3.1 景気変動がモデルの精度に与える影響 ･････････････203

4.3.2 景気変動を考慮する方法 ････････････････････････204

4.3.3 景気変動を考慮したモデルの精度 ･････････････････205

【Memo】マートンの１ファクターモデル ･････････････････････207

4.4 デフォルト後の回収率を推計する AI モデル ･････････････207

4.4.1 デフォルト確率と回収率の違い ･･･････････････････210

4.4.2 回収率モデルのしくみ ･･････････････････････････212

4.4.3 回収率モデルの精度 ････････････････････････････213

【Memo】回収率の推計が難しい理由 ･････････････････････････216

【Memo】デフォルトの定義と回収率の関係 ･･･････････････････217

参考文献 ……………………………………………………………218

主要論文一覧 …………………………………………………………223

著者略歴 ………………………………………………………………226

PART 1

中小企業融資における
AI審査モデルの活用法

AIスコアレンディングと呼ばれるAI審査モデルを活用した中小企業向けのオンライン融資が注目されている。決算書の情報だけではなく、銀行口座の入出金データやクラウド会計の帳簿データ、評価サイト、ネット通販などの情報を使用し、ランダムフォレストや多層ニューラルネットワーク（ディープラーニング）といった、近年脚光を浴びている機械学習の手法を用いて、融資申込先企業の信用リスクを評価する。評価結果は信用スコアで示され、スコアに応じて融資の可否、金利や金額などの融資条件を自動的に決定する。

　申込みから融資金の振込みまでをオンラインで完結し、店舗も審査員も不要なので低コストで融資が可能になる。スマートフォン（スマホ）やパソコンを使って非対面かつ短期間での資金供給を可能にする画期的な金融サービスとして、コロナ禍をきっかけに注目度が増している。

　ただ、発展途上のスキームでさまざまな課題がある。まず、AIスコアレンディングは、あらゆるデータのデジタル化が前提となっている。デジタル化が課題となっているわが国では、表向きは「オンラインで完結」とうたっていても、裏方では、営業確認やコンプライアンスチェックなどの業務を人手に頼るなど、完全には自動化されていないものがほとんどである。デジタル化が不十分で人手に頼る業務が残っている現状では、「非対面」は可能でも、人的作業がボトルネックとなり、「スピーディ」な融資は限界があるうえ、「大量処理」も難しい。

　さらに、AIスコアレンディングのコア技術となっているブラックボックス型AI審査モデルは、その名のとおり答えの導出過程がブラックボックス化している。解釈性や説明性を高める技術開発も進んでいるが、実用化までの道のりは平たんではない。そのため、"判断のプロセスと結果の解釈性、説明性"が非常に重要な中小企業融資の分野においては、AIスコアレンディングですべての融資をカバーすることは当面は難しいといわざるを得ない。事業性評価融資をはじめ、審査員による判断やフォローが必要な領域は残り、AI審査モデルで審査業務のすべてを代替することはできないと考えられる。

それでも、AIの技術は日進月歩である。AIスコアレンディングは、消費者ローンや少額短期の事業ローンなど、"審査の標準化が可能な融資の一部の領域"については将来性があるし、コア技術であるAI審査モデルの精度向上によって審査業務を高度化、効率化できる可能性が広がっていることは間違いない。

　PART 1では、AIスコアレンディングの現状と課題を整理しながら、中小企業融資におけるAI審査モデルの活用法について解説する。

1.1 AIスコアレンディングの概要

1.1.1 AIとは何か

　はじめに、そもそもAI（人工知能）とは何かを確認しておこう。AIに対するイメージは人によってさまざまである。たとえば、自動で最適な温度に調整するエアコンを思い浮かべる人もいるし、お掃除ロボやクルマの自動運転、手術ロボットを想像する人もいるだろう。人々が抱くAIのイメージは、「自動で動く」というレベルから、「人間と同じように知的に動く」レベルまでまちまちである。

これは仕方のないことである。なぜなら、AIの定義が統一されていないからである。専門家の間でもさまざまな意見があり、多くの捉え方がある。とはいえ、読者のAIに対するイメージが異なっていると誤解や混乱を招くおそれがあるので、本書におけるAIの定義を述べておきたい。

本書はファイナンスの話なので、この分野の権威である野口悠紀雄氏（一橋大学名誉教授）が述べている「ビッグデータによる機械学習を行うコンピューター」と定義する。AIを使ってデフォルト確率を推定するモデルに関する著書や研究論文はいくつかあるが、この定義であれば違和感を覚える読者は少ないだろう。

この定義のキーワードは「ビッグデータ」と「機械学習」の二つである。まず、ビッグデータとは、言葉のとおりたくさんのデータのことである。コンピューターの処理速度の向上やネットの普及によって、数十万、数百万、さらには億といった単位の膨大なデータを使用することが可能になった。

次に「機械学習」（☞ p.67）であるが、これも統一された定義はなく、統計学と何が違うのかという議論も盛んである。機械学習は、理論や因果関係などは重視せず、予測精度を高くすることを重視するので、目的が異なるといわれるが、実務での境界はあいまいである。

図表1−1　AIの定義

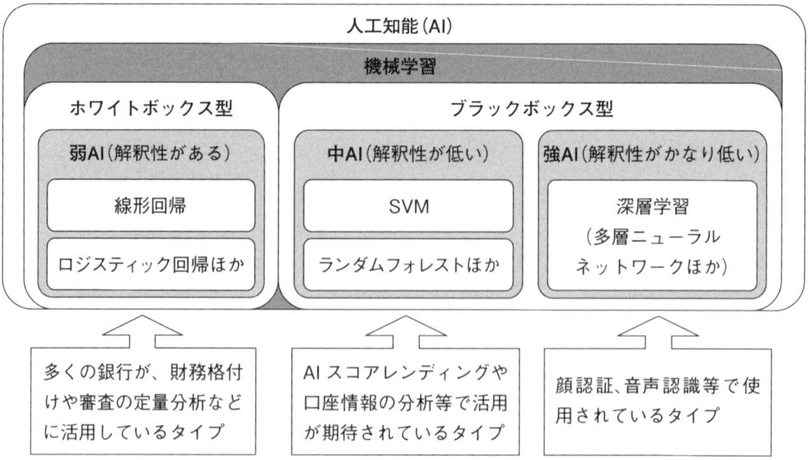

野口氏の定義とさまざまな議論を踏まえてAIを整理したものが**図表1－1**である。機械学習には、答えの導出過程が分かりやすいホワイトボックス型と、答えの導出過程が分かりにくいブラックボックス型がある。線形回帰やロジスティック回帰などデータの傾向をみる回帰型のモデルを中心に、身近な手法も AI に含まれる。

　ちなみに、CRD 協会や日本リスク・データ・バンク（RDB）などが提供している中小企業向けのスコアリングモデルや格付けモデルは、数十万、数百万といったビッグデータを使ったロジスティック回帰（ホワイトボックス型）モデル（「弱 AI」）である。野口氏の定義に当てはめると、すでに銀行は広義の意味で AI を使用しているということになる。

　ただ、マスメディアが AI という場合は、狭義の意味でブラックボックス型を指していることが多い。混乱を避けるために、本書では、ホワイトボックス型 AI とブラックボックス型 AI という言葉を用いて区別する。

　ブラックボックス型は、さらに、SVM（サポートベクターマシーン）やランダムフォレストといった答えの導出過程が多少は分かる「中 AI」と、多層ニューラルネットワークに代表されるディープラーニング（深層学習）のように答えの導出過程が分かりにくい「強 AI」に分類される。いずれも、あるデータがどのグループに属するのかを判定する分類型のモデルが中心になっている。

　なお、AI スコアレンディングで主に使用されているのは中 AI である。強 AI は研究されているものの、審査の実務での利用にはまだ課題が多い。

1.1.2　AI 審査モデルの種類

　次に AI 審査モデルの種類を確認しよう。モデルにはさまざまなタイプがある。モデルのタイプを分けると、**図表1－2**のようになる。

(1)　回帰モデル

　ホワイトボックス型モデルの主流となっているロジスティック回帰モデルには、二項ロジスティック回帰モデルと多項ロジスティック回帰モデルがある。二項とはデフォルトするかしないかという 2 値を判別するモデルで、多

図表1－2　AI審査モデルのタイプ

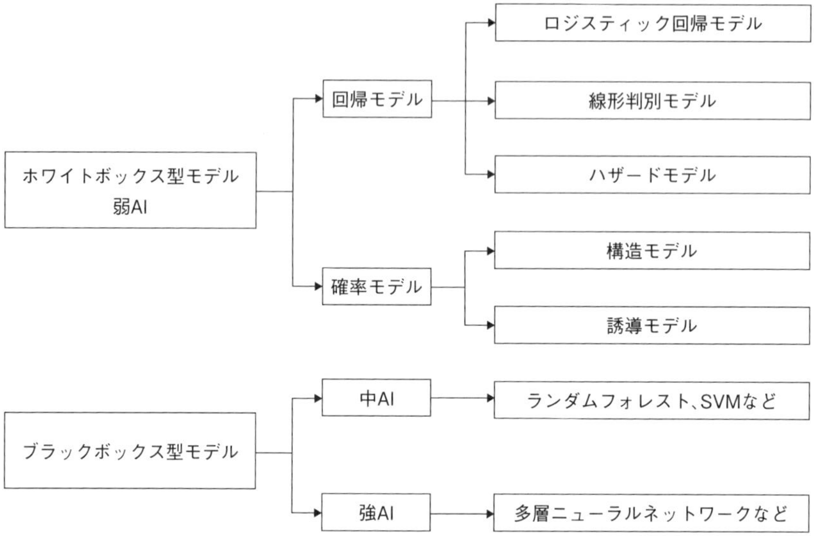

項とはAAA格からCCC格というような2値以上の多数の格付けを推定するモデルである。基本的な構造は同じである。二項モデルについては、PART2で詳述する。

次に、線形判別モデルはE. I. アルトマン（1968）がZスコアというモデルを提案してから、長い間、モデルの中心的な存在であった。多変量解析の判別分析を用いたモデルで、構造の分かりやすさから実務的な研究が進んだ。

ただ、デフォルト企業数と非デフォルト企業数の差が大きいときに精度が落ちるという欠点がある。ほとんどの場合、この差がかなり大きい。そのため、この問題を解決できるロジスティック回帰モデルが登場してからはあまり使われなくなった。

ハザードモデルは、患者の生存と要因の間の関係性を分析するために医学の分野でよく知られた手法である。ロジスティック回帰モデルと似ているが、時間の変化をうまく反映できるので、住宅ローンなど長期の融資の評価に向いているといわれている。

⑵ 確率モデル

確率モデルは、オプションアプローチとも呼ばれ、株価や社債価格を用いてデフォルト確率を推計するモデルである。株価や社債価格はさまざまな情報を織り込んで決定されるうえ、答えの導出過程が分かるのでホワイトボックス型に分類している。確率モデルには構造モデルと誘導モデルの二つのタイプがある。

構造モデルは、企業の資産価値が負債を下回ったとき、すなわち債務超過に陥ったときにデフォルトすると仮定している。1997年にノーベル経済学賞を受賞したR. C. マートン（1974）が提唱した。構造モデルにはマートンモデルや初期到達モデルがある。マートンモデルは、ノーベル賞受賞の功績となったブラック–ショールズモデルのオプション評価理論を使って企業の倒産確率を予測しようというものである。企業の資産価値には株式の時価総額を用いるため、上場していない企業には使用できない。

誘導モデルは、主に社債の価格から信用リスクを把握する方法である。信用リスクの高い企業の利回りは高く、リスクの低い企業の利回りは低いという現象を利用して個別企業の信用リスクを推定しようというモデルである。こちらも社債を発行していない企業には使えない。

⑶ ブラックボックス型モデル

最近、研究が進み、フィンテック企業を中心に実務でも利用され始めている手法である。ホワイトボックス型を統計モデル、ブラックボックス型を機械学習モデルという場合もあるが、明確な定義や区分はない。また、変数のことを特徴量、オーバーフィッティングを過学習と呼ぶなど、同じものでも統計学とは言葉遣いが異なる。本書では、混乱を避けるために統計学で使用する言葉遣いに統一しつつ、ケースバイケースで併用する。

さて、答えの導出過程がブラックボックス化していることからブラックボックス型といわれているが、そのなかでも二つのタイプがある。

一つは、中AIといわれるタイプで、ランダムフォレストやSVMなどが代表的である。専門的になるが、ランダムフォレストや勾配ブースティングのような決定木をベースとしたものであれば、Feature Importance （☞ p.84）

やSHAP（SHapley Additive exPlanations）など、変数（特徴量）の重要度を知るアルゴリズムがあり、どの変数がどれくらい重要なのかを知ることができる。

ただ、変数はモデルが機械的に抽出するため、重要な変数が理論と整合的とは限らないし、抽出された理由が分からない場合もある。たとえば、自己資本比率が高いほどデフォルト確率が高くなると解釈できても、なぜ、そうなるのか理論的に説明できないので、ユーザーは納得できないだろう。「解釈はできても、納得のいく説明ができないことがある」ということである。

もう一つは、多層ニューラルネットワーク（ディープラーニング）などの強AIである。答えの導出過程や解釈性、説明性にこだわらずに精度を高めることを重視した手法である。たとえば、クルマの自動運転の場合は、人の映像をみせて「人」と判断する確率が結果的に高ければよく、なぜ「人」と判断したのかはあまり重要ではない。顔認証や音声認識のように、なぜ、そう判断したのかについての解釈性が重視されない業務には向いている。

一方、審査判断や医療診断などのように、"結果の解釈性と説明性"が重要な業務には、現時点では向かないといえる。解釈性を高める研究は盛んに行われているが、説明性や計算コストなどの観点から、実務での利用にはまだ課題が多い。

これらのブラックボックス型が、ホワイトボックス型と大きく異なる点は、「画像」「音声」「言語（テキスト）」といった数値ではないデータ、すなわち、行と列では表せない非構造化データを扱える点である。もちろん、非構造化データのままでは分析できないので、非構造化データを分析可能な構造化データ（数値）に変換する点に特徴がある。

ご存知のように、スマホやパソコンなどの顔認証、スマートスピーカーやクルマなどの音声認識、翻訳をはじめとした言語解析など、さまざまな分野で技術革新がみられる。技術的には古くからあるものだが、コンピューターの処理速度やデータのデジタル化の進展といったITの技術革新を背景に飛躍的に進歩している。

注意すべき点は、財務データをはじめとした構造化データを使用するケー

スでは、ホワイトボックス型モデルからブラックボックス型モデルにアルゴリズム（手法）だけを変えても精度の向上はあまり期待できないという点である。この点については、さまざまな研究でも明らかになっている。つまり、財務データから企業の信用リスクを評価するモデルを開発するのであれば、解釈性と説明性が相対的に高いホワイトボックス型モデルが適しているということだ。

　ブラックボックス型モデルに対する期待の多くは、ホワイトボックス型では処理できない非構造化データから、これまで分析しきれなかった要素、たとえば、経営者の資質や健康状態、面接時の発言の真偽といった定性分析の要素をモデルに取り込むことによって精度を大幅に向上させるという点にある。

　具体的には、面接時の映像から経営者の性格や発言の真偽を判定したり、声から健康状態を判定したりするなど、これまで人の経験や勘に頼っていた「目利き」をモデルで再現できる可能性が出てきたという点にある。ただ、データのデジタル化、蓄積、分析など課題が多く、実用化されるまでには相応の時間がかかると予想される。

1.1.3　AI審査モデルの歴史と評価

　AI審査モデルの歴史は意外と長い。もっとも、AI審査モデルといわれるようになったのは最近のことであり、それまでは、クレジットスコアリングモデル、信用リスクモデルなどと呼ばれていた。クレジットスコアリングモデルの創成期の歴史はE. M. ルイス（1997）が詳しい。ルイスによれば、スコアリングモデルは、米国で普及していた割賦販売利用者（分割払いで商品を購入する消費者）の審査を効率化するために、1960年代頃から使われ始めた。

　その後、クレジットカード業界にも普及し、1980年代に入ると、欧州やわが国の銀行も消費者ローンや住宅ローンの審査に使い始めた。2000年代以降は、事業ローンの審査にも用いられるようになったほか、バーゼル銀行監督委員会で合意された新BIS規制の公表を背景に、主に信用リスクを数値化する道具として普及し、定着した。本項では、わが国での動きを中心に、モデルの歴史を年代別に振り返る。

(1) 1950年代

　スコアリングモデルは、第二次世界大戦後に登場した。戦前にもいくつか
の研究が行われたようだが、陽の目をみることはなかった。実用化されたと
いえるのは、1956年に米国のスタンフォード研究所の研究員であったB.フェ
アとE.アイザックが設立したフェア・アイザック社（Fair Isaac）のモデル
といわれている。個人の信用リスクをスコア化するモデルで、FICOスコア
と呼ばれ、いまや米国ではクレジットカードや住宅ローンの審査に欠かせな
い信用情報として定着している。

(2) 1960年代

　最初にモデルの本格導入に動いたのは、米国の大手通信販売会社や小売店
だったといわれている。当時、米国では割賦販売が急速に普及しつつあり、
膨大な審査業務の効率化は大きな課題だった。

　ローコストオペレーションに魅力を感じた小売業者などが相次いでモデル
を導入すると、銀行も検討を始めた。ただ、伝統的な審査方法と審査哲学が
根づいている銀行では反対意見が多く、導入するまでにはもう少し時間が必
要だった。このころ、統計手法を用いて企業の倒産を予測するモデルの研究
が盛んに行われるようになった。倒産予測モデルとして最も知られているE.
I.アルトマンのZスコアが発表されたのも1968年である。

(3) 1970年代

　1970年代に入ると、米国でクレジットカードが普及し始めた。大手のカー
ド会社が、急増する申込みの審査処理を効率化するため、スコアリングモデ
ルを積極的に活用した。

　航空会社のカードや自動車ローンなどの審査にも利用されるようになる
と、銀行も消費者ローンや住宅ローンの審査のインフラとして活用し始め
た。ただ、普及したのは米国とカナダのみで、それ以外の国ではほとんど注
目されなかったといわれている。

(4) 1980年代

　1980年代に入ると、欧州やわが国でも導入する銀行や企業が出始めた。当
初は、個人の信用リスクを評点化するスコアリングシートを導入して、審査

業務の効率化や標準化に役立てた。その後、アルトマンのＺスコアをはじめ、企業の信用リスクを評点化する統計モデルを、事業ローンの審査に活用する銀行が出始めた。

(5) 1990年代

1990年代に入ると、コンピューターの性能の向上に伴い、スコアリングモデルを導入する銀行が一気に増えた。とくに、バーゼル銀行監督委員会の規制（いわゆる BIS Ⅰ）が1988年に合意されると、1992年の適用開始に備えて、格付けをスタートさせた都市銀行を中心に、スコアリングモデルの研究開発が進んだ。

1990年代後半になると、申込翌日に審査の回答をするという中小企業向けの融資商品であるスモールビジネスローンを展開する銀行が登場した。リスク管理だけではなく、中小企業向け融資の業務の効率化と迅速化のためにモデルが活用され始めたのである。

(6) 2000年代前半

1990年代後半、膨大な不良債権を抱えて大手金融機関の破綻が相次いだため、金融監督庁は1999年に金融検査マニュアルを制定し、資産査定中心の検査からリスク管理を重視した検査に転換した。貸出資産を定量的に管理する態勢が必要になり、地域金融機関も相次いでモデルを導入した。

モデルへの需要の高まりを背景に、2001年には、中小企業の経営データ（財務・非財務データおよびデフォルト情報）を集積する機関として、任意団体CRD 運営協議会（現：一般社団法人 CRD 協会）がスタートした。その後、CRD がスコアリングモデルの開発・提供を始めると、自社モデルを開発することが難しい中小の地域金融機関が CRD モデルを導入して活用を始めた。

また、2003年に金融庁が「リレーションシップバンキングの機能強化に関するアクションプログラム」を発表すると、大手銀行や地域金融機関が中小企業向けの無担保融資を促進するため、スコアリングモデルを使ったポートフォリオ融資に取り組み始めた。いわゆるスコアリング融資である。新銀行東京は、このスコアリング融資をビジネスモデルに掲げて2005年に開業した。

(7) 2000年代後半

2000年代後半になると新銀行東京で多額の損失が明らかになった。他の銀行でもスコアリング融資で予想外の損失が発生したため、撤退する銀行が相次ぎ、審査での活用には徐々に消極的になっていった。

その一方で、消費者ローンや住宅ローンなど信用リスク評価が相対的に容易な分野ではモデルの利用が進み、事業ローンでも信用リスク管理のために活用された。とりわけ、2004年のBIS Ⅱの公表や金融検査マニュアルの改定をきっかけに、統合リスク管理やストレステストなど、信用リスクの計量化には必須の道具として、モデルの活用と精度向上が図られた。

(8) 2010年代〜

伝統的な銀行の融資業務の現場では、「スコアリングモデル⇒スコアリング融資⇒使えない」というネガティブな認識が定着していた。

ただ、ITの技術革新を背景にAIブームが沸き起こるなかで、ブラックボックス型AI審査モデルを用いたAIスコアレンディングが登場し、フィンテック企業や多くの銀行が導入に取り組み始めた。さらに、コロナ禍をきっかけに非対面のニーズが強まり、AIスコアレンディングに対する期待が高まっている。

1.1.4 AIスコアレンディングのスキーム

フィンテック企業や銀行など、さまざまな金融機関がAIスコアレンディングに取り組んでいる。細かな違いはあるものの、手続きの流れはおおむね**図表1－3**のとおりである。

①〜④までスマホやパソコンを通じてオンラインで完結する。申込みから融資までの日数は、平均2〜3営業日、早い商品で1営業日となっている。スピーディな融資は利用者にとって魅力であるうえ、コロナ禍で感染予防の観点から利用者だけではなく銀行自身も非対面のニーズが高まっており、魅力的なスキームとなっている。

実際、コロナ禍で中小企業の多くは、売上げの急減を余儀なくされ、明日の資金繰りに窮する状態になった。中小企業のニーズは、一刻も早く資金を

調達することである。同時に、自らの感染リスクを抑制したいというニーズも高まった。これは銀行側も同じである。顧客だけではなく、行員も含めて支店で感染を拡大させないように、できる限り非対面で業務を行いたい。融資業務の推進と感染拡大の防止を両立させる難しい運営を強いられた。

図表1−3　AIスコアレンディングの流れ

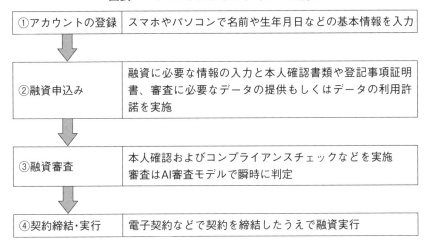

①アカウントの登録	スマホやパソコンで名前や生年月日などの基本情報を入力
②融資申込み	融資に必要な情報の入力と本人確認書類や登記事項証明書、審査に必要なデータの提供もしくはデータの利用許諾を実施
③融資審査	本人確認およびコンプライアンスチェックなどを実施 審査はAI審査モデルで瞬時に判定
④契約締結・実行	電子契約などで契約を締結したうえで融資実行

　コロナ禍で浮かびあがった課題は、「スピーディな融資」「非対面の手続き」「大量処理」の主に三つである。課題解消に最も有効な方法は、AIスコアレンディングの活用である。パソコンやスマホで申込みを行い、AI審査によって融資を決定し、電子契約して送金するというオンラインレンディングを使えば、三つの課題を一気に解消することができる。銀行が導入を急ぐ理由はここにある。

1.1.5　課題はデータのデジタル化

　ところが、システムを導入すればよいという簡単な話ではない。このしくみを実用化するには課題が多い。たとえば、①本人確認や実在確認など、非対面で不正を見抜けるのか、②コンプライアンスチェックはどうやるのか、③審査に必要な情報をすべてオンラインで取得できるのか、④システムの情

報漏えい対策は万全か、⑤電子契約で法的な問題は発生しないかなど、少し考えただけでも、業務やシステムはもちろん、法律や制度、商慣習など、多くの課題が存在する。

すでに AI スコアレンディングに取り組んでいる銀行でも、規模や対象を限定して試行しているのが実態である。実際、表向きはオンラインで完結しているようにみえるが、何らかの事情で人手に依存している業務が残されている。実用化に向けて解決すべき課題は少なくない。

① **本人確認**

免許証やパスポートなどがデジタル化されていないのでオンラインで取得することができない。画像をアップロードする方法はあるものの、なりすましなどの不正を完全に排除することは難しい。慎重な銀行では、預金口座を保有し、なおかつ 1 年以上の預金取引があることを利用条件にしている。

② **コンプライアンスチェック**

マネーロンダリングや反社会的勢力に対するコンプライアンスチェックをオンラインで完結することはさらに難しい。部分的にはシステムで対応できるものの、現状では人的作業が残っているケースがほとんどである。この業務がボトルネックになっていることが、大量処理を難しくしている。

③ **会計情報や口座情報の取得**

利用者の大宗を占める中小企業では、決算書を含む会計情報や口座情報といった AI 審査に必要な情報のデジタル化が進んでいない。そのため、現状では多くの情報を OCR や人手による入力に依存している。オープン API を通じて多種多様なデータを取得する方法もあるが、普及までにはまだ時間がかかりそうである。

④ **個人情報保護**

EC（ネット通販）の購買履歴や GPS などの新たな情報を使用する場合、個人情報保護の対策がこれまで以上に重要になる。スマホやネットの普及によって多くの情報が取得できるようになった反面、情報が漏えいしたときの損害も大きくなったからだ。AI が進化すれば、匿名加工情報から逆に個人を特定することも不可能ではない。実際、SNS の背景に写っている風景画

像から住所を特定するというようなことが可能になっている。たくさんの情報を利活用するには、相応の情報漏えい対策が必要になる。

⑤　電子契約

　電子契約とは、金銭消費貸借契約など証書で行っていた融資契約を、電子署名の技術を用いてオンラインで締結するものである。電子署名法が施行されて普及しつつあるが、実務的な課題も多い。改ざん防止や顧客説明対策、係争時の対応などが必要になる。

　以上のように、AI スコアレンディングはあらゆる情報のデジタル化が前提となっている。デジタル化が不十分な現状では、大量処理は難しい。それでも、スピーディな融資や非対面化といった中小企業のニーズに対応できる有効な手段の一つであることは間違いない。

　とりわけ、感染拡大防止の観点から、非対面でのサービス提供は魅力である。グローバル化が進展するなか、今後もパンデミックは避けられない。産学官の英知を結集して、大胆かつ細心に課題解消のスピードアップを図るべきであろう。

1.2 AI審査モデルの特徴

1.2.1 ホワイトボックス型とブラックボックス型

AIスコアレンディングのコア技術となっているブラックボックス型AI審査モデルの概要を説明する。現在、実務の世界で普及しているホワイトボックス型との主な違いを整理すると**図表1－4**のようになる。

機械学習の手法は、前述したように、ホワイトボックス型はロジスティック回帰が主流で、ブラックボックス型はランダムフォレストや多層ニューラルネットワークなどがある。まだ、主流となる手法は存在しないが、解釈性の観点からランダムフォレストや勾配ブースティングといった決定木ベースのモデルが多い傾向にある。

ちなみに、2019年と2020年のKaggle（世界中のデータサイエンティストが集まるサイト）の調査をみると、機械学習手法の使用比率は、1位が回帰モデルで、以下、ランダムフォレスト、k近傍法、勾配ブースティング、SVM、多層ニューラルネットワークが多くなっている。

次に、使用する主な情報、つまり変数（特徴量）は、ホワイトボックス型が、決算書や確定申告書などの定量情報を使用するのに対して、ブラックボックス型は、決算書や確定申告書よりも、クラウド会計情報や入出金情報などの実態財務、SNSへの投稿やGPSの位置情報などから把握する経営者の資質といった定性情報を重視する点が特徴である。

図表1－4　ホワイトボックス型とブラックボックス型の違い

	ホワイトボックス型	ブラックボックス型
①機械学習の手法	ロジスティック回帰	多層ニューラルネットワーク、ランダムフォレスト、SVMなど
②使用する主な情報（変数）	決算書などの定量情報（一時点の情報）	実態財務と定性情報（リアルタイム情報）
③データのタイプ	構造化データ	構造化データ、非構造化データ

また、決算書や確定申告書の情報は一時点の静態的な情報であるが、クラウド会計や SNS などの情報はリアルタイム情報であるという違いもある。

最後にデータのタイプである。ホワイトボックス型は構造化データ、つまり、決算書や確定申告書などの数値データを扱う。ブラックボックス型は、これに加えて画像や音声などの非構造化データ（行と列で表せないデータ）も扱う。ご承知のとおり、最近の AI ブームは音声認識や画像認証など、非構造化データの分野で大きな技術革新が起きており、ブラックボックス型は画像や音声などの非構造化データを使うことによる精度向上が期待されている。

1.2.2　ブラックボックス型が使用する主な情報源

具体的に、ブラックボックス型モデルがどのような情報を使用しているのかをみてみよう。企業評価に必要な主な情報は、**図表 1 － 5** のとおりである。

中小企業向け AI スコアレンディングを行っている複数の国内企業のウェブサイトをみてみると、クラウド会計の情報や銀行口座の入出金情報、EC（ネット通販）の利用履歴、食べログや Retty などの飲食店の評価サイトの情報などが使われている点はおおむね共通している。企業によっては、携帯電話会社やネット通販会社などと連携して、各種の情報を使用しているケースもある。また、経営者個人の性格や社会性などを把握しようと、アカウント

図表 1 － 5　企業評価に必要な情報

企業評価	
定量情報	**定性情報**
【決算書】 ◇ 現預金比率 ◇ 売上総利益売上高比率 ◇ 有利子負債利子率　など 【確定申告書】 ◇ 申告所得 ◇ 売上高　など 【実態財務】 ◇ クラウド会計情報 ◇ 入出金情報　など	【経営者に関する情報】 ◇ 性格（行動傾向、社会性等） ◇ 返済履歴（債務観念） ◇ 行動履歴 ◇ 資産負債額　など 【その他の非財務情報】 ◇ 味、サービスの質 ◇ 技術力 ◇ ブランド力　など

の登録時にいくつかの質問を行うしくみを備えているものもある。実態財務と定性情報を重視していることが分かる。

　次に、米国の中小企業向けAIスコアレンディング企業が使用する情報をみてみると、わが国の企業と同様に、銀行口座の入出金情報、飲食店の評価サイトの情報、クラウド会計の情報などが用いられていることが確認できる。たとえば、OnDeck社のウェブサイトをみてみると、**図表1－6**のように、口座情報、評価サイトの情報、クラウド会計の情報などが使用されており、国内の企業と似ていることが確認できる。

　最後に、今最も注目されている、中国のアリババグループの関連会社アントフィナンシャル・サービスグループが運営する芝麻信用（Zhima Credit）の情報源をみてみよう。**図表1－7**のとおり情報源は5つのカテゴリーから構成されており、学歴や職業などの経歴、金融資産や不動産などから評価する返済能力、クレジットカードの返済履歴やネット通販の履歴をもとにした信用履歴といった情報は、住宅ローン借入れやクレジットカード作成などの審査にも使用される一般的な情報である。

　特徴的なのは、寄付やボランティア活動などをもとにした行動傾向やSNSの交流状況をもとにした人間関係の情報が使われている点である。どの程度のウェイトがあるのかは不明だが、借り手の行動傾向や人間関係など

図表1－6　OnDeck社が使用している主な情報

企業情報	口座情報
・メールアドレス、住所、電話番号 ・社会保障番号、納税者番号 ・会社規模、業種	・銀行取引明細、残高 ・クレジットカード取引明細
信用情報	評価サイト
・ExperianやEquifaxなど信用情報	・YelpやGoogle Places利用者のレビュー
公的データ	会計データ
・訴訟案件の履歴 ・先取特権の履歴	・Quickbooksなどクラウド会計の財務情報

資料：OnDeck社ウェブサイトおよびEY資料より筆者作成

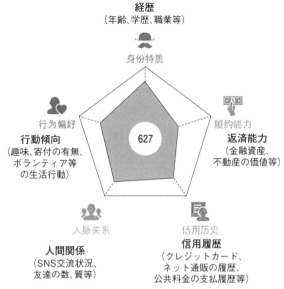

図表1−7 芝麻信用が使用している主な情報

経歴
（年齢、学歴、職業等）

身份特质

行為偏好
行動傾向
（趣味、寄付の有無、
ボランティア等
の生活行動）

627

履約能力
返済能力
（金融資産、
不動産の価値等）

人脉关系
人間関係
（SNS交流状況、
友達の数、質等）

信用历史
信用履歴
（クレジットカード、
ネット通販の履歴、
公共料金の支払履歴等）

資料：総務省『平成30年版情報通信白書』をもとに筆者が加筆修正

の情報は定性的な情報であり、伝統的な銀行では審査員がヒアリングや訪問などで把握してきた項目である。

　ちなみに、この芝麻信用スコアを使った事業資金融資は、310モデルと呼ばれている。申込み３分、審査１秒、人手は０という意味で、１件あたりの審査コストは50円といわれている。

　アントフィナンシャル・サービスグループの網商銀行（マイバンク）はこの信用スコアを使って小企業に対して上限約5,000万円、月利1.5％以上で事業ローン融資を行っている。スコアが高いほど低い金利で借りられるほか、航空機の優先搭乗、レンタカーのデポジット不要、病院での待ち時間の短縮など、質の高いサービスが受けられる。そのため、スコアをあげるために、ボランティア活動に励んだり、借入金を遅滞なく返済したりする人もいるという。ある町では、違法駐車がみられなくなったという話もあるほどだ。

　アリババの創業者であるジャック・マー氏は、「銀行が変わらないなら、

われわれが銀行を変える」と、アントフィナンシャルを立ち上げた。モバイル決済サービスの「アリペイ」（支付宝）を軸に、銀行、保険、資産運用、信用調査などの金融事業に力を入れている。アリペイは9億人が利用しているといわれ、質の高い豊富なデータが日々蓄積されている。もっとも、特定の企業に情報が集まりすぎて影響が大きくなったこともあり、中国の金融当局の規制・監督が強化されつつある。今後の動きに注目したい。

1.2.3 ブラックボックス型が使用する具体的な情報

1.2.2の情報源について、具体的にどのような情報を使っているのかみていこう。ここではブラックボックス型に特有の情報に絞って解説する。

(1) 評価サイトの情報

飲食店の融資判断において、味の評価は最も重要な項目であるが、客観的な評価が難しい。ところが、食べログやRettyなどの評価サイトの評価を使えば容易に客観的な評価ができる。もちろん、フェイクや客のふりをした「サクラ」の存在など、投稿数が少ない場合には注意が必要であるが、オンライン融資を展開する企業の大半が変数に採用しており、有効な情報であると思われる。

評価サイトは、飲食店だけではなく、宿泊業やECショップをはじめ、さまざまな業種に広がっており、審査員では客観的な評価が難しかった企業の技術力やサービスの質といった定性評価が可能になる。

ブラックボックス型ではテキストデータも扱えるため、評点だけではなく、投稿者のコメントから評価するものもある。たとえば、ネガティブなコメントか、ポジティブなコメントかを判断する技術を用いて、その数や動きを評価する。実務でも試行されている。

(2) ECサイトの情報

EC（ネット通販）の利用履歴やインターネットの閲覧履歴などから、ヒアリングではつかめない経営者の資質（性格、社会性、趣味・嗜好等）を評価する。たとえば、ECサイトにアクセスしてから購入までの時間や購入までに閲覧したページ数が多いほどデフォルト率が低い傾向にあるといったデフォ

ルトと相関の強い変数を利用する。

　ECサイトの情報を利用する際の留意点は、利用者に偏りがあるという点である。ECサイトを利用しない人も相応にいるし、利用している人でも利用する商品やサービスに偏りがあったり、都会に居住する人と地方に居住する人とでは利用頻度や商品が異なったりする。こうした点を考慮しないと、モデルの精度に影響を与える可能性がある。

⑶　GPS

　GPSの位置情報を使って経営者の移動経路を把握し、その情報をもとに経営者の資質を評価しようというものである。たとえば、ケニア、タンザニア、フィリピン、メキシコ、インドなどでサービス展開しているTALA社は、GPSの位置情報の受信履歴を分析し、経営者の生活習慣をもとに評価している。日中の移動パターンが規則正しい人は返済率が平均より6％高いという結果が出ていると創業者が述べている。

⑷　SNS

　ソーシャルネットワークの情報もよく利用されている。たとえば、「少数の連絡先と規則正しく連絡をとる人は返済率が平均より4％高い」「1日の交流先が58人以上の人は優良な借り手である可能性が高い」傾向にあるとTALA社の創業者は述べている。

　他のAIスコアレンディング運営企業でも「フォロワーの数」「いいね」「リツイートの数」「投稿の誤字脱字の数」などを指標化して利用しているといわれている。

⑸　銀行口座の入出金データ

　入出金データは最近研究が進んでおり、精度の向上も確認されている。損益計算書の情報の大半は口座を通るうえ改ざんが難しく、リアルタイムの情報を取得できる。有効性、質、鮮度の面で利用価値の高い情報といえる。

　具体的には銀行口座の入出金の相手先、金額、平均残高といった情報から企業の資金繰り状況や経営者個人の行動特性を分析する。たとえば、法人であれば、平均残高金額が規模に比して大きければ資金繰りが安定していると考えられるし、個人であれば、公共料金や住宅ローンなどが期日どおりに引

き落とされていれば、債務観念がしっかりしている可能性があると判定する。

　他行の口座情報を取得することはまだ容易ではないが、オープン API が普及すれば、いずれは電子決済等代行業者を通じて複数の銀行口座情報を入手することが可能になる。オープン API の普及によって、銀行口座の情報だけではなく、保険、証券、年金など他の金融資産の情報も取得できるので、モデルの精度向上の可能性が広がってくる。

⑹　クラウド会計

　クラウド会計とは、インターネットを使用できる環境があれば、時間と場所を選ばずに会計処理できるシステムである。たとえば、預金取引やクレジットカードのデータを取り込み、システムが自動的に仕訳する。日々の簿記データや口座、クレジットカードの利用状況などがリアルタイムで入手できるので、モデルの精度の向上が期待できる情報として注目され、研究が進んでいる。

　ただ、クラウド会計を利用している個人事業者や中小企業は、1 割から 2 割程度と普及が進んでいない。小規模企業にとっては、データの入力負担があることやデータ流出等のセキュリティに対する不安がある。普及にはこのようなデメリットの克服がポイントになる。

　以上のように、ブラックボックス型モデルは多種多様な情報、しかもリアルタイムの大量の情報を用いている。たとえば、TALA 社は、GPS や SNS など 1 万以上の変数を使用してスコアリングしている。また、GPS、Amazon の購買履歴、フェイスブックなど 2 万以上の変数を使用しているモデルもあるといわれている。いずれもブラックボックス型モデルを使用していると思われる。

　ここで、一つの疑問が浮かぶ。なぜ、答えの導出過程が分かりにくいブラックボックス型モデルを使用するのだろうか。ホワイトボックス型モデルでは対応が難しいのであろうか。次項でみていこう。

1.2.4　ホワイトボックス型の限界

　はじめに、ホワイトボックス型モデルの構造を簡単に説明しておきたい（詳細は「**2.1　モデルの構造**」を参照）。代表的なロジスティック回帰モデルの構造を分かりやすくイメージすると**図表1−8**のようになる（かなり単純化している。また、ここでの係数は比較が可能になるように、単位に依存しない標準化回帰係数を仮定している）。

　回帰モデルなので、「$Y = a + bX$（$+u$）」という回帰式がベースになっている（uの残差は省略）。Yはデフォルトの有無、変数Xは通常は複数あるので、**図表1−8**のような重回帰式になる。この式の主なポイントは三つある。

① 自己資本比率や借入金月商倍率などの財務指標（X：変数）は、主に決算書や確定申告書の数値から計算される。財務指標でなくとも、数値で表せるものならば、どのような情報でもよい。

② 財務指標の前にある「0.5」や「0.2」などの数値は係数（「$Y = a + bX$」のbの部分）である。係数は、その変数の「Y」に対する感応度である。感応度は、デフォルトとの関係の強さ（相関）によって決まる。したがって、この式では、自己資本比率が「0.5」と最もデフォルトと関係が強い変数であることが分かる。

③ 「0.5」や「0.2」といった係数の前に付いているプラスやマイナスの符号は、デフォルトとの関係の方向性を示している。プラスであれば数値が大きくなるほどデフォルトの可能性が高くなり、マイナスであれば数値が大きくなるほどデフォルトの可能性が低くなることを示している。

　たとえば、自己資本比率の係数「0.5」の符号は「−」（マイナス）なので、自己資本比率が高いほどデフォルトの可能性が低くなるということで

図表1−8　ロジスティック回帰モデルの構造のイメージ

> デフォルト（確率）＝ −0.5 × <u>自己資本比率</u> ＋ 0.2 × <u>借入金月商倍率</u>
> （≒信用スコア）　　…−0.03 × <u>総資本増加率</u> − 0.03 × <u>売上高経常利益率</u>
> $Y = a + b\underline{X}$

あり、借入金月商倍率の係数「0.2」の符号は「＋」（プラス）なので、借入金額が月商に比して多ければ多いほどデフォルトの可能性が高くなるということである。

　以上のように、ホワイトボックス型では、信用スコアが高い理由がどこにあるのかを探すことができる。たとえば、「自己資本比率が高いからスコアが高い」「自己資本比率が高い一方で、借入金月商倍率も高いので、スコアがさほど高くない」といった解釈ができる。このような分かりやすさがホワイトボックス型モデルの特徴であり、銀行の間で普及している理由である。

　一方、ブラックボックス型モデルにこのような解釈性を求めるのは難しい。大ざっぱにいえば、信用スコアやデフォルト確率の値、つまり、結果のみが出力される。信用スコアが高い（低い）理由がどこにあるのか、どの変数がどの程度影響しているのかは分かりにくい。

　ランダムフォレストや勾配ブースティングのような「中 AI」であれば、前述したように Feature Importance というアルゴリズムを使えば、変数の重要度を明らかにすることはできるが、個社のスコアが高い（低い）理由は分からない。

　SHAP というアルゴリズムを使うと、どの変数が個社のスコアに寄与しているかも分かるが、それでもホワイトボックス型ほど分かりやすくはならないし、計算コストがかかるので実務での運用にはまだ課題がある。さらに、「強 AI」になると、SHAP が使えるといわれるものの、今のところ試行錯誤の段階である。

　解釈性に問題があるなら、ホワイトボックス型を使用すればよいのであるが、限界がある。主な理由は、スマホやネットなどの情報の特徴にある。

　まず、財務指標は、**図表 1 － 9** の「ア」のように、数値が大きいほどデフォルトの可能性が高くなるという線形（直線）関係で表現できるものが多いが、SNS や GPS などの非財務情報は「イ、ウ、エ」のように、デフォルトと変数との関係が非線形（直線関係以外のもの）になる変数が多いという特徴がある。たとえば、SNS の交流先が多いほどデフォルトの可能性が低

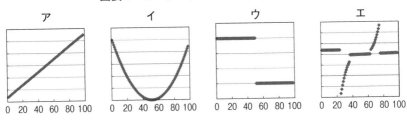

図表1−9　データのさまざまな分布形状

くなるが、一定の数を超える（多すぎる）と高くなるというような曲線の関係になるものがある。ホワイトボックス型は、変数Xとデフォルトの有無Yとの関係は線形が基本となる。

　もちろん、曲線に何らかの関数を近似することができ、変数の数が多くならなければ、ホワイトボックス型でも対応することは可能である。ただ、**図表1−9**の「ウ、エ」などの関係のように関数近似が難しいような非線形の関係になると、扱うことは難しい。とくに、最近注目されている画像や音声のような非構造化データを、ホワイトボックス型でモデル構築することは困難といえる。

　しかも、ホワイトボックス型のモデルは、あまりに多くの種類の変数を取り込むと変数間の相関が強くなり、マルチコ（☞ p.99）というやっかいな問題を引き起こす。SNS や GPS などの情報は種類が多く、変数候補となる情報は数千種類、数万種類に及ぶ。それらの情報を一つひとつ目利きによって関数近似が可能かどうかも含めて選択し、絞り込んでいくのは手間とコストがかかり、非現実的である。

　一方で、ブラックボックス型のモデルは、デフォルトと非線形の関係にある変数を使用したり、画像や音声などの非構造化データを使用したりすることができる（☞ p.76）。精度向上を最優先するので、マルチコを意識せず多種類の変数を使用する。ただし、符号条件が正しくなかったり、変数間の相関が強かったりして、解釈性や説明性は低くなる。

1.3 AI スコアレンディングの現状と課題

1.3.1 国内外の現状

　世界的にみるとブラックボックス型モデルを使用した AI スコアレンディングが広まっている。もっとも、コロナ禍をきっかけに苦戦しているフィンテック企業もあることには注意が必要である。非対面かつスピーディに融資を完結できるメリットが注目されて業績を伸ばしている企業がある一方で、コロナ禍に伴う急激なマクロ経済環境の変化によるモデルの判別力低下（☞ p.123）や政策支援の発動による資金需要の低迷などによって、業績が振るわない企業もある。

　わが国の現状に目を移すと、コロナ禍の前から多くのフィンテック企業が参入し、たくさんの銀行が導入を検討しているが、目立った実績は出ていない。コロナ禍をきっかけに撤退する企業も出始めた。

　わが国で普及が進まないのはなぜだろうか。理由は主に二つあると考えられる。一つ目は、わが国の環境に合った使い方をしていないということ、二つ目は、モデルの性能を過大評価していることである。

(1) 要因1　わが国の市場環境にマッチしていない

　まず、米国や中国、発展途上国で AI スコアレンディングが普及しつつある背景を概観してみよう。

　米国では、FICO（☞ p.10、p.141）をはじめとした信用スコアがすでに普及している。スコア次第で融資の可否や金利、クレジットカード作成の可否や利用条件などが決定する。スコアが低いと融資が受けられなかったり、カードが作れなかったりする。信用スコアがすでに根づいている米国にとって、AI スコアレンディングは従来の融資をオンライン化したサービスに過ぎない。

　しかも、ホワイトボックス型では、クレジット履歴がないと信用スコアを付与できなかったが、ブラックボックス型ではクレジット履歴がなくても SNS や口座情報などを使って信用力を評価すれば、スコアを付与すること

が可能になる。これまで信用スコアを付与することができなかった層を対象にできるというメリットがあり、普及が進んでいるのである。

中国や発展途上国は米国とは理由が異なる。これらの国々は経済成長率が高く、資金需要が旺盛である。銀行は大企業向けの大口融資を優先し、多くのリソースを振り向けている。そのため、中小企業向け融資の市場にホワイトスペースが発生している。特に、小規模企業向け融資は小ロットで採算性が低いので、伝統的な銀行にとってはメリットが小さい。一方、AI スコアレンディングは、審査員がいらず、低コストで融資できるので、ホワイトスペースを埋める形で成長している。

さらに、こうした国々では、信用情報会社が発展途上で、中小企業に関する外部信用情報が不足している。しかも創業が活発で、そもそも決算書や融資実績のない企業が多く、審査にあたっては SNS のテキストデータや GPS の位置情報といった非構造化データに依存せざるを得ないという事情もある。前述したように、こうした情報はホワイトボックス型では対応が困難なため、ブラックボックス型を使用した AI スコアレンディングが普及しているのである。

以上のように、海外では AI スコアレンディングが普及する明確な背景や理由がある。わが国ではどうであろうか。

まず、わが国では米国のように信用スコアが普及しておらず、信用スコアで融資の可否や金利が決定されることに抵抗感を抱く人が少なくない。次に、中国や発展途上国とは異なり、資金需要は落ち着いており、金融も相応に発達している。審査員は質量とも十分で、中小企業の資金需要に的確に対応できる状況にある。さらに、外部信用情報が豊富にあり、質も高い。

このような環境下において、わが国では AI スコアレンディングのターゲットをどこに見出せるのだろうか。フィンテック企業の仮説を集約すると次のとおりである。「貸金業法の改正によってノンバンクの融資残高が減少し、**図表 1 −10**のように"少額短期"のゾーンにホワイトスペースが生じている。さらに、ノンバンクを利用する中小企業は信用リスクの高い層が多く、申込みから入金まで数日というスピーディな融資を望んでいる。ところ

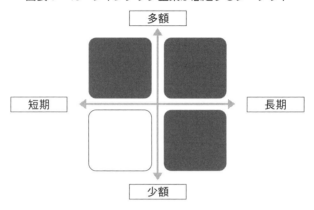

図表１－10　フィンテック企業が想定するターゲット

多額

短期　　　　　　　　　　　　　長期

少額

が、銀行は信用リスクの高い層への融資には消極的で、しかもコストとスピードの観点からこうしたニーズへの対応が困難である。したがって、オンラインでスピーディに融資ができる AI スコアレンディングの需要がある」というものだ。

　こうした仮説に基づいて、５年ほど前から多くの国内フィンテック企業が AI 審査モデルを開発して、融資の低コスト化、スピード化を実現した。だが、リリースしてみると、期待したほどの需要がないうえ、思ったような収益が得られず、2020年代に入って厳しい状況に追い込まれている。フィンテック企業にとっては予想外の結果だったのである。

　なぜ、期待したほどの成果が得られなかったのだろうか。複数のフィンテック企業の経営者の話を集約すると、主な要因は二つあると思われる。一つは、資金需要の過大評価であり、もう一つは信用リスクに応じた金利設定の限界である。

　一つ目の資金需要については、ノンバンクの残高減少によって生じたホワイトスペースに対して、預貸率の低下に悩む既存の銀行が相応のアプローチをしているはずである。さらに、１分１秒を争うような資金需要は、平時においてはそんなに多くない。しかも、多くの企業では不要不急のケースに備えて現金を保有しているし、少額であれば経営者個人のカードローンでも対

応できる。ホワイトスペースの市場規模は想定したほど大きくはないと考えられる。

　二つ目は、信用リスクに応じた金利設定の限界である。ノンバンクを利用する中小企業の信用リスクは相応に高いと考えられる。実際、中国を除く海外のフィンテック企業の貸倒率は10％程度といわれている。この信用リスクをカバーするためには、リスクに応じた金利設定が必要である。しかも、小口で短期となれば、採算をとるためにさらに金利を上乗せする必要がある。

　実際、海外のAIスコアレンディングの平均金利は30％程度といわれている。ところが、わが国では15〜20％という上限金利規制があり、それ以上の金利設定ができないため、高リスク企業への融資が難しい。また、リスク対応金利を成立させるには、大数の法則が働くような多くの与信先が必要になる（PART 3参照）。フィンテック企業が単独でこのような多くの与信先を確保するのは容易ではない。

　もちろん、AI審査モデルの精度が高ければ、低い金利でもビジネスは成立するはずである。この点が二つ目の要因となるモデルの精度の過大評価である。

⑵　要因2　AI審査モデルの性能を過大評価している

　要因の二つ目はモデルの性能を過大評価していることである。これは、フィンテック企業よりも、AIスコアレンディングを導入しようとしている銀行に多くみられる。モデルの過大評価は、2000年代のスコアリング融資のときにも発生した。

　伝統的な銀行では、AIや金融工学の専門家が少なく、AI審査モデルに関する知見が蓄積されていない。そのため、「AI活用でモデルのAR値が2倍に」「AIが審査する融資に申込みが殺到」といったマスメディアの報道に刺激を受け、外部業者に開発を委託した銀行もあるだろう。

　ところが、図表1−11のように、現在研究されているブラックボックス型の精度は、ホワイトボックス型（ロジスティック回帰）を上回るものの、銀行が期待しているほど高い精度を実現できていない。銀行の期待と実際の精度との間には大きなギャップがある。

図表1－11　ブラックボックス型のAR値

①	創業企業の信用リスクモデルにおける人的要因の有効性 ―機械学習モデルとの比較― 内海・峰下・尾木・枇々木 （日本オペレーションズ・リサーチ学会2021年春季研究発表会アブストラクト集）			
	ランダムフォレスト	勾配ブースティング	ロジスティック回帰	
	51.9%	50.6%	50.9%	

②	機械学習を用いた教育ローンのクレジットスコアリングモデル 引寺・尾木・枇々木 （日本オペレーションズ・リサーチ学会2021年春季研究発表会アブストラクト集）			
	ランダムフォレスト	勾配ブースティング	決定木	ロジスティック回帰
	64.2%	65.9%	57.9%	60.9%

③	入出金情報を用いたデフォルト予測モデルの検証 ―機械学習による実証分析― 三浦・井實・竹川 （日本統計学会誌第49巻第2号、2020年3月）			
	ランダムフォレスト	勾配ブースティング	ロジスティック回帰	
	70.7%	73.3%	71.1%	

④	機械学習による中小企業の信用スコアリングモデルの構築 澤木・田中・笠原 （人工知能学会金融情報学研究会2017年第19回研究会）			
	ランダムフォレスト	勾配ブースティング	ニューラルネットワーク	ロジスティック回帰
	53.9%	61.9%	53.0%	52.3%

注：①②はアウトオブサンプル、③④はテストデータの値。

1.3.2 精度向上の課題はデータの質と量

　なぜ、海外では実績が伸びているのであろうか。海外のモデルは性能が高いのであろうか。結論を先にいうと、モデルの性能に大差はないと考えられる。先に示したように、海外で実績が伸びているのは、市場環境がわが国と異なるからである。

　もっとも、中国はやや事情が異なる。前述した網商銀行の貸倒率は、1〜2％といわれており、かなり低く抑えられている。モデルのアルゴリズムやAR値などの詳細は不明であるが、他国に比べてモデルの精度が高いと推測される。要因はデータの質と量の違いにあると考えられる。

　以前の中国では個人情報保護よりもIT化、DX化の推進を優先する傾向があった。その結果、キャッシュレス決済やスマホが急速かつ大幅に普及し、多種類かつ大量のデジタルデータが蓄積された。仮に小売店が売上げを過少申告しようとしても、顧客（商品の購入者）側の決済データを合計すれば小売店の売上高を把握できるといわれるほどだ。

　質の高いデジタルデータが大量にあればモデルの精度は高くなる。アルゴリズムを変えなくても、データの質があがっただけで精度が向上したという事例は枚挙にいとまがない。大量のサンプルがあれば、大数の法則の効果が大きくなり、誤差も小さくなる。それほど、AI審査モデルの精度はデータの質と量に依存しているのである。中国の事例は、データの質と量が確保できればAI審査モデルの精度は相応に高くできるということを裏付けている。

　わが国は相対的にみてデータの質と量が不十分であることは否めない。ブラックボックス型の精度向上に向けたデータ面でのわが国の課題は、以下の三つである。

① **デジタルデータ（量）が不足している**

　決算書をはじめ、運転免許証や健康保険証といった本人確認書類や許認可証などのデジタル化が進んでいない。ネットバンキングやキャッシュレス決済、クラウド会計などはデジタル化されているが、利用者が少なくデータに偏りがある。さらに、デジタル化が始まって間もないことから、時系列方向

のデータが不足している。

② **データの質が低い**

　ネットやスマホの情報は客観性や中立性に課題のあるものが少なくない。たとえば、EC（ネット通販）はすべての人が利用するわけではないので情報に偏りがある。評価サイトの評価の客観性確保、SNS 上のフェイクの存在などもある。有望視されている銀行口座の入出金情報は、他行の情報や銀行口座を経由しない資金の動きなどが把握できないという課題がある。

　たしかにネット上には豊富なデータが蓄積されており、広告宣伝やマーケット分析などには有用であるが、審査判断という顧客への影響が大きな業務に利活用できる質の高いデータはまだ限られている。

③ **データの種類が少ない**

　モデルのアルゴリズムをブラックボックス型に変えても、使用する情報の種類が同じであれば精度の向上は期待できない。ブラックボックス型のメリットは使用する情報の数や変数間の関係性を気にすることなく多種多様な情報を扱えるという点だ。とくに、画像や音声といった非構造化データを使用できるというメリットが生かせないとブラックボックス型とホワイトボックス型の精度に大きな差は生まれない。

　審査の面接時の経営者の画像や声などを変数に用いるという方法もあるが、まだ実験段階にある。EC（ネット通販）や評価サイト、GPS などの情報も注目されているが、銀行はこのような情報を保有していないため、非金融会社との提携を進めて入手しようとしている。この場合、銀行と提携先のデータを突合しなければならないが、フォーマットやシステムなどが異なるため作業は容易ではない。

　さらに、個人情報保護の問題もクリアする必要がある。これらの課題を避けるため、最近では自行データのみの開発にこだわる銀行も出てきた。自行データとしては、会計データや日々の入出金データが注目されているものの、ターゲットとなる中小企業はクラウド会計やネットバンキングの利用率が低い。データの蓄積にはオープン API や情報銀行などのインフラ整備が不可欠で、まだ時間がかかると思われる。

以上のような課題があり、ブラックボックス型では期待したほどの性能が出せないのである。中小企業向け融資の分野では、モデルだけで審査を完結することは今のところ難しく、審査支援ツールとしての運用が現実的であろう。とすれば、モデルの開発・運用には審査員のノウハウとフォローが不可欠になってくる。

1.3.3　技術的課題と専門人材の育成

　本項では、審査支援ツールとして活用する場合のモデル開発のポイントを述べる。ブラックボックス型の構造はホワイトボックス型に比べて解釈性が低く、信用スコアが高い（低い）理由が分かりにくい。解釈できても、説明が困難な場合もある。そのため、審査支援ツールとして活用するにあたっては何らかの工夫が必要になる。たとえば、ロジスティック回帰モデルと組み合わせて解釈性や説明性を高めたり、説明の必要性が低い融資商品に限定して使用したりすることが考えられる。

　オーバーフィッティング（☞ p.81）の問題もある。オーバーフィッティングとは、開発時の精度は高いが、運用時の精度が大きく低下する現象をいう。ホワイトボックス型にもある共通問題だが、ブラックボックス型はオーバーフィッティングが発生しやすく落差も大きい。銀行サイドに専門人材がいない場合、外部業者が検証した開発時の数値を過大評価している可能性もある。その場合、モデルを運用したとたんに精度が大幅に低下し、業務に支障を来す危険性がある。

　さらに、審査実務との整合性が不十分になるおそれがある。銀行には長年培ってきた審査のノウハウがある。良いモデルを開発するポイントは、審査員の目利き力の「見える化」にある。業種特性の考慮、外れ値や異常値の処理、欠損値データの補完方法といったテクニカルな作業においても、審査員のノウハウが不可欠である。審査ノウハウとの整合性を軽視して、データ依存で開発したモデルは審査支援ツールとしては使いにくい。

　また、外部業者主導で開発や検証が進んでしまうと、想定外の結果が生じ

たときに原因を特定できずに対応できない可能性もある。撤退することになれば銀行に技術もノウハウも蓄積されない。

　過去のスコアリング融資の失敗を糧にして長年技術を積みあげてきた銀行がある一方で、撤退して再度一から取り組み始めた銀行がある。いうまでもなく、その差は歴然である。技術やノウハウは一朝一夕には蓄積されない。審査支援ツールとして活用する場合、審査ノウハウと整合的なモデルを、銀行内部の専門人材が主導して開発・検証する態勢を整えることが求められる。

1.4　活用の留意点

1.4.1　融資業務におけるモデル活用の方向性

　AI審査モデルの開発に取り組む銀行が増え、AIスコアレンディングの実績が明らかになりつつあるなかで、**図表1－12**のように、モデルに対する評価は二分している。

図表1－12　AI審査モデルに対する評価のまとめ

［ネガティブな評価］
① 　日本では、AIスコアレンディングのニーズが低い
② 　ブラックボックス型モデルの現在の性能は、人的審査を代替するほどの性能レベルにはない
③ 　ブラックボックス化（答えの導出過程が分からない）という問題がある

［ポジティブな評価］
① 　コロナ禍で非対面のニーズが高まっている
② 　人的審査を代替できる性能レベルにはないが、ある程度は使える
③ 　情報のデジタル化が進展しており、ブラックボックス型モデルは多くの可能性を秘めている

　ネガティブな評価は主に三つある。まず、わが国では利用者数が伸び悩んでおり、ニーズが低いということである。次に、ブラックボックス型の性能

は審査員を代替するほどの性能レベルにはなく、自動審査をするには力不足で、想定したほどマンパワーを削減できそうもないという点である。さらにはブラックボックス化の問題があり、銀行は融資の可否についての説明責任を果たすことができないという課題もある。

　一方、ポジティブな評価も主に三つある。まず、コロナ禍で非対面化のニーズが生じており、感染症対策としてオンラインで審査できるスコアレンディングのニーズが高まっている。次に、AI審査モデルの精度は審査員を代替するレベルにはないが、審査をサポートする道具としては使えるし、将来性もあるという点である。最後に、ブラックボックス化の問題はあるが、デジタル化の進展でブラックボックス型は大きな可能性を秘めている。

　以上のように、ネガティブな評価とポジティブな評価を踏まえると、AI審査モデルの活用の方向性は、当面は、審査員（人）をサポートする道具としてモデルを活用するということだろう。これまでみてきたように、モデルの精度は発展途上にあり、審査の可否という重要な判断に活用できる技術水準にはない。

　ただ、サポートが目的であれば、説明責任が果たせないという問題は解消する。すでに一部のフィンテック企業や銀行がこうした点を認識し始めており、サポートする道具としての使い方を模索し、試行を始めている。

　さらに、現在の精度でも広告宣伝やマーケット分析などには有効な技術水準にあり、審査のサポートだけではなく、営業や業況悪化の予兆管理（融資後のモニタリング）をサポートする道具としても利用可能と考えられる。

1.4.2　スコアリング融資失敗の要因

　ポジティブな意見が増えているものの、わが国には海外に比べてAIスコアレンディングに対してネガティブな評価をする人が比較的多い。2000年代に行われたスコアリング融資失敗の後遺症である。

　目利きを中心とした伝統的な審査手法が根づいている銀行では、AI審査モデルを使った審査判断に抵抗感をもつ審査員はいまだに少なくない。モデルに自らの職務を奪われるのではないかという危機感も相まって、2000年代

に行われたスコアリング融資の予想以上の不良債権の発生は、モデルに対する疑念を増幅させ、評価を大きく下げる結果につながった。

　スコアリング融資が失敗した要因について、さまざまな研究者や実務家が分析しているが、モデル自体に問題があるとするレポートはほとんど見当たらない。失敗の要因は二つに集約される。一つはモデルの性能を過大評価していたこと、もう一つは与信ポートフォリオ管理を理解していなかったことである。いずれも使い手が道具の使い方を誤ったことに問題がある。

　AI審査モデルの活用の留意点を考えるとき、スコアリング融資の失敗から学ぶべきことは少なくない。

(1)　AI審査モデルの性能の理解不足

　AI審査モデルという道具を審査判断に用いる場合、道具であるモデルの性能をよく理解しておく必要がある。2000年代当時はもちろん、現在でもポイントは同じである。それは主に三つある。

　一つ目は、モデルの評価は100％ではないということ、二つ目は、粉飾や偽装は見抜けないということ、三つ目は、モデルに使用されていない項目は評価できないということである。

①　モデルの評価は100％ではない

　モデルの評価方法については、**PART 2**で詳しく述べるが、中小企業向けモデルの評価精度を大ざっぱにいうと50％程度である。モデルは完全ではないので、残りの50％は人的審査によって補う必要がある。

　現在普及しているモデルは主に表面財務（決算書）のデータから1年後のデフォルトの可能性を評価する。中小企業は、表面財務だけではなく、実態財務といわれる決算書に表れない数値、経営者の資質やノウハウといった定性情報などの評価が重要である。

　これまで述べてきたブラックボックス型を中心に実態財務や定性評価のモデル化に向けて、さまざまな研究や開発が行われ、実務でも利用され始めているが、それでもまだわが国で使われているモデルは、表面財務の依存度が高い。過去の表面財務の情報に依存したモデルの判別力には限界があるということを十分に認識しておかなければならない。

②　粉飾や偽装は見抜けない

　モデルは入力されたデータは正しいという前提で結果を出力する。間違ったデータを入力すれば、間違った結果が正しいものとして出力される。決算書に粉飾や偽装がある場合、それを判別して修正する機能はないので、データが正しいかどうかは審査員が事前にチェックしておかなければならない。モデルだけで評価を完結することは危険である。AI審査モデルは道具である。モデルの性能を引き出すのは、使い手である審査員の技量にも左右される。

　ただ、最近は研究が進み、決算書に粉飾があるかどうかを判別するモデルが開発され、監査法人が実際に使用している事例もある。それでも、モデルは「粉飾の可能性が〇％ある」と判断するだけなので、どこに粉飾があって、どのように修正すればよいのかは審査員の判断に委ねられる。モデルのみで判断できるようになるには、さらなる研究が必要である。

③　モデルに使用されていない項目は評価できない

　普及しているホワイトボックス型は、数値でない非構造化データは扱うことができない。ただ、前述のように中小企業の評価は、財務諸表の数値をもとに評価する定量分析よりも、実態財務や経営者の資質、技術力、ノウハウといった数値化しにくい要素を評価する定性分析が重要といわれている。

　ブラックボックス型は、定性評価が可能になる点が注目されているが、必要なデータがデジタル化されていなかったり、計算負荷の観点から非構造化データの一部しか対象にできなかったりするなど、多くの課題が残されている。定性評価の大部分はまだ評価が難しいと考えた方が無難である。

⑵　与信ポートフォリオ管理の理解不足

　スコアリング融資をポートフォリオ融資と呼ぶこともあるように、スコアリング融資やAIスコアレンディングの信用リスク管理は与信ポートフォリオ管理に重点を置いて行うことが前提となる。与信ポートフォリオ管理の精度は、取引先数が多いほど高くなる。したがって、AIスコアレンディング成功のカギは、大数の法則が働くような十分な取引先数の確保にある。

　この前提をクリアしたうえでモデルを使って格付けを行い、格付けに応じた金利で融資を実行する。融資後は、格付け構成比や業種や地域などに偏り

が生じないように注意しながらモニタリングする。AIスコアレンディング
の信用リスク管理は与信ポートフォリオ管理がベースになる。

　ただ、地方銀行や信用金庫、信用組合といった地域金融機関にとって、こ
の前提はハードルが高い。住宅ローンやカードローンならまだしも、中小企
業融資で大数の法則が働くほどの企業数を確保できる地域金融機関はほとん
どない。また、企業城下町や産地といった特定の業種の企業が集積する地域
にある金融機関では、業種や地域などの偏りを小さくすることは困難である。

　取引先数が不十分で、融資先が特定の業種や地域に偏っていれば、予想外
の不良債権が発生する可能性が高くなる。前提が満たせない地域金融機関は
想定外の損失発生に備えて、自己資本を積み増したり、金利を高めに設定し
たりするなど、リスクヘッジの負担が大きくなる。地域金融機関が単独で
AIスコアレンディングを行うメリットは大きくはない。

　さらに、与信ポートフォリオ管理は、ここ十数年の間に普及した手法で、
スコアリング融資が注目された当時は知識が不十分で運用ノウハウも未熟
だったと考えられる。大数の法則やリスク分散の理解が進まぬうちに、スコ
アリング融資を行った銀行も少なくないだろう。失敗の要因の一つは、与信
ポートフォリオ管理の理解不足にある。AIスコアレンディングを行うには
与信ポートフォリオ管理の知識が必要である。与信ポートフォリオ管理の詳
細については **PART 3** で解説する。

　以上のように、AI審査モデルの特徴とスコアリング融資のビジネスモデ
ルを冷静に考えれば、モデルの技術水準、与信ポートフォリオの前提条件を
クリアしておらず、課題が多いことが分かるだろう。スコアリング融資が失
敗した要因の一つは、知識と理解不足に起因する銀行の使い方の誤りにある
と考えられる。

1.4.3　失敗から学ぶ

　これまで述べてきたように、スコアリング融資の失敗は、与信ポートフォ
リオ管理の理解不足とAI審査モデルの性能の理解不足が主因である。とり
わけ、十数年前は、現在に比べてモデルの精度自体も低かったので、今以上

に十分な注意を払う必要があった。それにもかかわらず、他の銀行も使っているからという理由で安易に導入し、審査の判断に利用してしまった銀行が少なくないのではないかと思われる。

　もっとも、AI審査モデルや与信ポートフォリオ管理の歴史は浅く、そもそも確立したノウハウがなかった点は否めない。スコアリング融資の失敗は、銀行に予想外の不良債権をもたらしたが、同時に多くの教訓と経験を与えた。この経験を生かすことが今求められている。

　モデルがもつ、①ローコストオペレーション、②リスクの数値化、③スピーディな融資、④非対面というメリットは銀行にとって魅力的な機能であることに変わりはない。デジタル化の進展によってAI審査モデルの技術はこの十数年で大きく進歩している。モデルがもつメリットをどのように生かしていくのか。銀行の創意と工夫にかかっている。

1.5　AI審査モデルの活用方法

　AI審査モデルの審査業務をサポートする道具としての活用方法を①審査の事前チェック、②審査業務の効率化、③融資後のモニタリングの三つの業務ごとに具体的にみていこう。

1.5.1　審査の前後工程での活用

> ①事前チェック 　 ②審査業務の効率化 　 ③事後モニタリング

　まず、審査の事前チェックにおいては、粉飾や偽装といった不正検知に活用することが考えられる。前述したように決算書に不正が内在するかどうかの研究は監査法人を中心に進んでいる。過去の粉飾や偽装の決算データを使って、そのパターンとの類似度で不正が内在する確率を算出するのである。

　すでに、上場企業を対象にした研究では、80～90％の正答率が観測されたモデルもあり、実務で運用しているケースもある。具体的には、モデルが粉飾の可能性が高いと判断した決算書について専門家が詳細な分析を行う。

AIと人との協業であれば、ブラックボックス化は大きな問題にはならない。

| ①事前チェック | ②審査業務の効率化 | ③事後モニタリング |

　①の次に実用化の可能性が高いと考えられるのは、③の融資後のモニタリングである。たとえば、銀行口座の入出金データ、クラウド会計データ、日々更新される飲食店や宿泊業などの評価サイトの点数などから、業況悪化の兆候を把握しようというものである。

　銀行口座の入出金データを用いた予兆管理については、すでに複数の研究論文がある。また、クラウド会計データを用いて企業のキャッシュフローを瞬時に計算し、資金調達の時期を事前に予測するシステムも開発が進み、いわゆる「黒字倒産」を防止するものと期待されている。さらに、**図表1-13**のように評価サイトの情報を用いて、飲食店や宿泊業の異変を事前に察知し、早めに支援を行おうという取組みもある。

　予兆管理についてもブラックボックス化はあまり問題にならず、モニタリング業務の省力化、効率化に寄与するだけではなく、雨が降る前のコンサルティング需要が発生するものと期待されている。

図表1-13　評価サイトの点数を用いた予兆管理（イメージ）

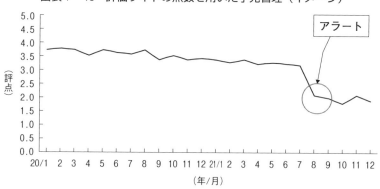

1.5.2　審査での活用

①事前チェック　②審査業務の効率化　③事後モニタリング

　最後に、銀行が最も活用を期待している一方で、活用の難しい業務が、②の審査業務の効率化である。取組みのポイントは事業性評価の視点から考えてみることである。

　はじめに、**図表1－14**のように、事業性評価の特徴を、通常の融資審査と比較して考えてみよう。通常の融資審査は、定量分析と定性分析を行い、貸倒れに備えた担保や保証の有無を含めて、融資が可能かどうかを総合的に判断する。審査のために収集した情報や分析結果は、基本的に銀行が融資の可否を判断するためだけに使われ、企業に還元されることはほとんどない。担保や保証に依存した融資の場合はなおさらである。

　次に、事業性評価は、定量分析と定性分析を行い、安全性や収益性、成長性などを総合的に評価し、企業の経営課題を抽出して、課題の解決策を企業とともに検討し、必要に応じて融資を行うものである。企業評価の手法は融資審査とほぼ同じであるが、収集した情報や分析結果を企業に還元し、企業とともに課題解決策を検討する点が融資審査と大きく異なる。

図表1－14　融資審査と事業性評価の違い

	融資審査	事業性評価
分析手法	定量分析と定性分析を組み合わせて企業を評価	定量分析と定性分析を組み合わせて企業を評価
利用目的	融資が可能かどうかを判断	企業の経営課題を抽出し、企業とともに解決策を検討
AI対応の可否	情報を企業に還元する必要がないので、AIのみでも対応可能	情報を企業に還元する必要があるので、AIのみでは対応できない
その他	AIが謝絶と判定した場合は人が再審査を行う必要性 ←説明責任の履行	AIの評価を参考情報として利用することは有益

通常の融資審査のように、企業に情報を還元する必要がなく、融資の可否を判断するだけであれば、答えの導出過程が分かりにくいブラックボックス型でも代替可能である（もちろん、謝絶する場合は説明責任を果たすために、審査員の再審査によるフォローが必要になる）。

一方、事業性評価は、企業評価の情報をもとに経営課題の解決策を検討する必要があり、とくに評価の過程が分かりにくいブラックボックス型では対応が難しい。AIの評価を参考情報として利用することは有益であるが、事業性評価は、審査員の責任で行う必要がある。

事業性評価を用いた融資は、今後、銀行が最も注力すべき分野であるが、企業評価だけではなく課題の解決策を検討するとなると、これまで以上に手間とコストがかかる。さらに、一昔前に比べて、経営課題が複雑になっており、専門知識やコンサルティング力がないと解決策の提案も難しい。しかも、解決策が金融に結び付きにくいという課題がある。

図表1－15のとおり、昔であれば、たとえば、製造コストの削減という経

図表1－15　事業性評価融資の昔と今

【昔】	経営課題	解決策	ファイナンス
①	製造コスト削減	省力化機械の導入	機械の購入資金を融資
②	業種転換	酒屋がコンビニエンスストアに転換	店舗改装資金を融資
③	販売拡大	広告宣伝の拡大	広告費用を融資

【今】	経営課題	解決策	ファイナンス
①	製品開発	産学連携による共同開発 →大学とのパイプはあるのか？	開発資金を融資？
②	事業承継	経営者の子どもが承継 →20～30歳代の担当者が、60～70歳代の経営者の相談に乗れるのか？	融資に結び付くのか？
③	販路拡大	海外に営業所を開設 →担当者に専門知識はあるのか？	海外金融支援可能か？

営課題に対して、省力化機械の導入という解決策を提案し、機械の購入資金を融資した。また、業種転換という経営課題に対して、コンビニエンスストアへの転換という解決策を提案し、店舗の改装資金を融資した。

　ところが、今は、たとえば、新製品の開発のために、産学連携を模索したくても、大学との連携は容易ではない。事業承継という経営課題に対して、経営者の子どもが承継するという解決策を提案できたとしても、提案が融資に結び付くとは限らない。海外進出についても、地域金融機関だけでは対応できない可能性がある。

　このように、経営課題をどのように解決すればよいのか、金融面でどのような支援ができるのか。事業性評価は注力すべき分野だが、従前に比べて難しい課題が増え、より一層の手間とコストがかかるようになった。それでは、どのように解決すればよいのか。ここに AI 審査モデルの活用の余地がある。具体的には、審査員が事業性評価に注力できるように、融資の可否を判断するだけの通常の融資審査をモデルに任せて審査業務を効率化するのである。

図表 1 −16　AI 審査モデルを使った審査業務の効率化

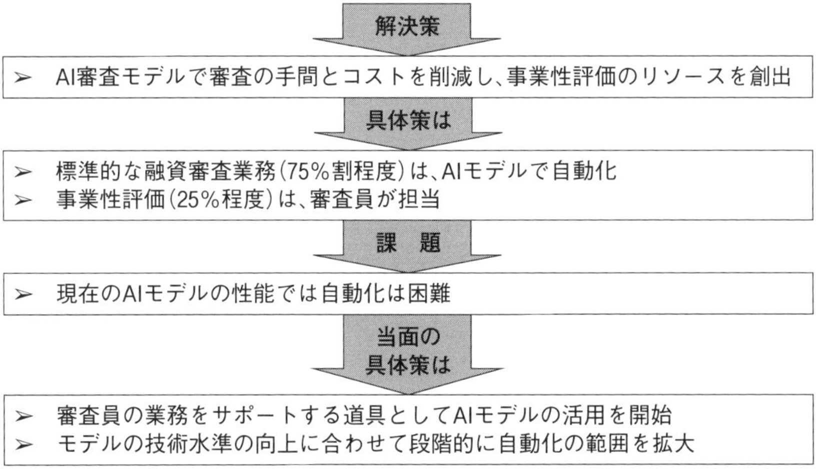

解決策
> AI審査モデルで審査の手間とコストを削減し、事業性評価のリソースを創出

具体策は
> 標準的な融資審査業務(75％割程度)は、AIモデルで自動化
> 事業性評価(25％程度)は、審査員が担当

課　題
> 現在のAIモデルの性能では自動化は困難

**当面の
具体策は**
> 審査員の業務をサポートする道具としてAIモデルの活用を開始
> モデルの技術水準の向上に合わせて段階的に自動化の範囲を拡大

とはいえ、これまで述べてきたように、現在のモデルの性能では自動審査は困難である。そこで、**図表1－16**のように、当面は審査員の審査業務をサポートする道具として活用し、モデルの技術水準の向上に合わせて段階的に自動化の適用範囲を拡大するのである。

1.5.3　部分自動審査に向けた段階的活用

AI審査モデルは、評価結果をデフォルト確率に紐づいた信用スコアで表示するので客観的で分かりやすいが、そのぶん過信もしやすいので、審査員はモデルの性能を十分理解しておく必要がある。信用スコアを過信して依存しすぎると、さまざまな問題を引き起こす。モデルの精度は発展途上にある。現在の性能を踏まえた運用が求められる。

わが国の自動車メーカーが、性能を過信した事故を防止する観点から「自動運転」という言葉の使用をやめ、「運転支援」に改めたというニュースは記憶に新しい。注目されているブラックボックス型AI審査モデルの技術水準も「自動審査」ではなく、まだ「審査支援」のレベルにある。その精度はホワイトボックス型の1～2割増し程度であり、部分的に自動化するにしても改善する余地が多く残されている。

自動審査の技術は、審査支援ツールの技術の延長線上にある。したがって、中小企業向けの事業資金融資の分野でAI審査モデルを活用する際のポイントは、審査の責任は審査員にあり、モデルは審査支援ツールであると位置づけて運用することから始めて、部分自動審査化に向けての技術やノウハウを蓄積することである。

図表1－17のクルマの運転自動化レベルにトレースして考えてみよう。具体的には、**図表1－18**のように、段階的にAI審査モデルの適用範囲を拡大すべきである。ここで重要なことは、クルマの自動運転とは異なり、GOALは完全自動化ではないという点である。人的審査（事業性評価）の領域は将来も必ず残るということであり、今後も審査員は必要で、審査のスキルを高めていくことがこれから重要となる。

図表1－17　運転自動化レベルの概要

レベル	名称	主体
0	運転自動化なし	運転者
1	運転支援	運転者
2	部分運転自動化	運転者
3	条件付き運転自動化	システム、運転者
4	高度運転自動化	システム、運転者
5	完全運転自動化	システム

資料：JASOテクニカルペーパをもとに筆者作成

図表1－18　AI審査モデルの段階的活用

レベル	名称	具体的な内容	主体	目標
0	人的審査	すべてを人が審査	審査員	
1	審査支援	審査支援ツールとして活用	審査員	現在地
2	部分簡易審査	一定の格付け以上の企業の審査を簡易化。最終判断は審査員。	審査員	第1段階
3	条件付き自動審査	・一定の条件（AA格以上等：全体の25％程度）を満たせば自動融資 ・上記以外（全体の75％程度）は審査員主体で審査	モデル審査員	第2段階
4	高度自動審査	・特定の条件（BB格以上等：全体の75％程度）を満たせば自動融資 ・上記以外（全体の25％程度）は審査員主体で審査	モデル審査員	第3段階（GOAL）
5	完全自動審査	すべてをモデルで審査する	モデル	

CC 〉 CCC 〉 B 〉 BB 〉 BBB 〉 A 〉 AA 〉 AAA

低　　　　　　　　信用力　　　　　　　高

GOALは
完全自動審査化
ではない

(1)　第1段階（レベル2）：部分簡易審査

　まずAI審査モデルを審査支援ツールと位置づけ、算出されるスコアを、審査のスクリーニングに用いることから始める。具体的には、モデルで信用力が高いと判定された格付けの高い企業について審査を省略・簡略化するのである。

　審査の簡略化は、銀行にとっては多少なりとも事業性評価に振り向けるリ

ソースを生み出すことができるし、中小企業にとっては審査のための書類の準備や面接時間などの負担軽減に加え、審査期間の短縮化によってビジネスチャンスに対するタイムリーな資金調達を可能にする。

簡略化の割合はモデルの精度向上に合わせて少しずつ拡大していく。

⑵　第2段階（レベル3）：条件付き自動審査

引き続き、審査を簡略化する割合を高めて審査業務の効率化を進める。同時に、格付けの高い一部の企業（全体の25％程度）についてはモデルが自動で審査判断し、融資を実行する。これによって、銀行はさらに多くの審査員を事業性評価に振り向けることができる。

ただ、部分的ではあるものの、モデルに審査判断を任せることになるので、この段階への移行が大きなポイントになる。モデル自体の精度向上はもちろんのこと、判定結果の解釈性と説明性の向上も同時に必要になる。精度が向上したとしても、ブラックボックス化したままだと、もし予想外の損失が生じた場合に、損失が生じた理由を株主や債権者などに説明できないし、改善の方法もみつからない可能性があるからだ。この段階は、試行錯誤するだろうが、ブレークスルーできれば、GOALがみえてくる。

⑶　第3段階（レベル4）：高度自動審査

事業資金融資においては、この第3段階がGOALとなる。ポイントは、通常の融資審査はAI審査モデル、経営課題の還元や解決策の検討などが必要な事業性評価は審査員が行うという役割分担の確立である。自動審査の割合を75％程度まで高めることができれば、融資審査の業務は大きく効率化され、審査員は事業性評価に注力できるようになるだろう。

ちなみに、レベル5は融資審査の完全自動化であり、AIスコアレンディングの段階である。住宅ローンをはじめとした信用リスクの評価が相対的に容易で、審査の標準化が可能な消費者向けの融資、事業資金でも、少額で短期の限定的な領域であればAIスコアレンディングを実現できるかもしれない。

しかし、事業資金の場合、とくに事業性評価融資においては、コミュニケーション力やコンサルティング力など、人のアナログ的な思考と高度な知見が必要になる。事業資金融資においては、モデルによる完全自動化は難しい。

話を元に戻そう。第3段階に到達すれば、AI審査モデルを使った審査の自動化で生まれた多くのリソースを事業性評価融資に振り向けることで、中小企業とのリレーションを深めることができる。さらに、事業性評価によって審査員のノウハウが高度化すれば、それをモデルの高度化に生かすという相乗効果も期待できる。

　自動審査は、とくに課題を抱えていない企業にとっては、審査にかかる時間や書類負担の軽減につながるほか、短期間で融資を受けられたり、ビジネスチャンスを獲得しやすくなったりする。

　一方、課題を抱える企業にとっては、時間をかけて丁寧に経営状況を理解してもらえるようになるので課題や解決策が明確になり、事業性評価融資を受けやすくなることが期待できる。

　一流の審査員と一流のAI審査モデルが組み合わさることで、超一流の中小企業向け融資が可能になる。

PART 2

AI 審査モデルのしくみ

PART 2では、AI審査モデルのしくみについてホワイトボックス型を中心に解説する。ブラックボックス型も基本的なしくみは同じである。ただ、その名のとおり、しくみがブラックボックス化していて、説明が容易ではないので、ホワイトボックス型の代表的なモデルであるロジスティック回帰モデルを取り上げて解説する。そのうえで、ブラックボックス型のしくみについて図を使って解説する。

まず、議論の出発点として、**1.2.4**で触れた内容の復習から始めよう。ロジスティック回帰モデルの構造を分かりやすくイメージすると、**図表2−1**のようになる（かなり単純化している。変数も係数も仮のものである。また、ここでの係数は比較が可能になるように、単位に依存しない標準化回帰係数を仮定している）。

回帰モデルなので、「$Y=a+bX$（$+u$）」という回帰式がベースになっている（uの残差は省略）。Yはデフォルトの有無、変数Xは通常は複数あるので、**図表2−1**のような重回帰式になる。繰り返しになるが、この式の主なポイントは三つある。

図表2−1　ロジスティック回帰モデルの構造のイメージ

デフォルト（確率）＝ -0.5×自己資本比率＋0.2×借入金月商倍率
（≒信用スコア）　　…-0.03×総資本増加率-0.03×売上高経常利益率
$Y=a+bX$

① 自己資本比率や借入金月商倍率などの財務指標（X：変数）は、評価したい企業の決算書の数値から計算される財務指標である。財務指標でなくとも、数値で表せるものならば、どのような情報でもよい。

② 財務指標の前にある「0.5」や「0.2」などの数値は係数（「$Y=a+bX$」のbの部分、ちなみにaは切片であり、定数項）である。係数は、その変数の「Y」に対する感応度である。

感応度は、デフォルトとの関係の強さ（統計学でいう相関係数）によって決まる。数値が大きいほど、デフォルトとの相関が強いということであ

り、デフォルトした企業とデフォルトしなかった企業との差が大きい項目ということになる。したがって、この式では、自己資本比率が「0.5」と最もデフォルトと関係が強い変数であることが分かる。

③ 「0.5」や「0.2」といった係数の前に付いているプラスやマイナスの符号は、デフォルトとの関係の方向性を示している。プラスであれば数値が大きくなるほどデフォルトの可能性が高くなり、マイナスであれば数値が大きくなるほどデフォルトの可能性が低くなることを示している。

　たとえば、自己資本比率の係数「0.5」の符号は「−」（マイナス）なので、自己資本比率が高いほどデフォルトの可能性が低くなるということであり、借入金月商倍率の係数「0.2」の符号は「＋」（プラス）なので、借入金額が月商に比して多ければ多いほどデフォルトの可能性が高くなるということである。

　この式からどのようにしてデフォルト確率が算出されるのだろうか。モデルのしくみをみていこう。

2.1 モデルの構造

2.1.1 デフォルト確率算出のしくみ

スコアを算出するために必要な変数は、一般的には複数あるが、本項では説明を分かりやすくするために「自己資本比率」という一つの変数を用いて解説する。一つでも基本的な考え方は同じである。ちなみに自己資本比率は、「自己資本額（純資産額）÷総資産額×100」で計算する。総資産に対する自己資本の大きさを測る財務指標で、比率が高い企業ほどデフォルトする可能性が低くなるというデフォルトと負の関係にある指標である。

図表2－2は、個々の企業のデフォルト率（Y）と自己資本比率（X）の実績データである。自己資本比率は、ある年（t年）の決算書の数値であり、デフォルト率は決算から1年後（$t+1$年）の数値である。

図表2－2　各企業のデフォルト率と自己資本比率

企業名	Y＝デフォルト率（％）	X＝自己資本比率（％）
A	100	－31.2
B	100	－19.5
C	100	－17.7
D	100	－26.5
E	100	－15.9
F	100	8.3
G	100	10.2
H	100	5.4
I	100	8.1
J	100	13.6
K	0	20.6
L	0	29.3
M	0	13.5
N	0	11.0
O	0	18.8
P	0	22.8
Q	0	43.0
R	0	34.6
S	0	16.4
T	0	68.0

注意してほしいのは、デフォルト率である。0％から100％までさまざまな値をとると考えがちだが、一つひとつの企業単位でみると、デフォルト率の実績値は0％か100％の二つしかない。つまり、$t＋1$年にデフォルトしていれば、デフォルト率は100％であり、デフォルトしていなければ、デフォルト率は0％になる。

　この表をグラフ（散布図）にしたものが**図表2－3**である。縦軸はデフォルト率で、横軸は自己資本比率である。デフォルト率と自己資本比率の関係をプロットすると、縦軸のデフォルト率は0％と100％しかないことを確認してほしい。

　デフォルトした企業のデフォルト率は100％なので、100％のラインに並んでいる。一方、デフォルトしていない企業のデフォルト率は0％なので、0％のラインに並んでいる。

図表2－3　デフォルト率と自己資本比率の散布図

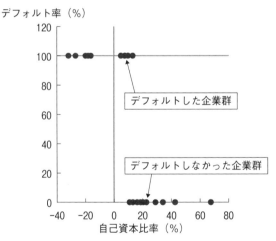

　モデルは、**図表2－3**の散布図に、**図表2－4**のような右肩下がりの斜めの線（回帰直線）を引くことにより、各企業の自己資本比率の値から1年後のデフォルトの可能性を示すデフォルト確率を算出するものである。

　ここで、デフォルト率とは過去の実績値であり、デフォルト確率は将来に

図表2－4　デフォルト率からデフォルト確率への変換

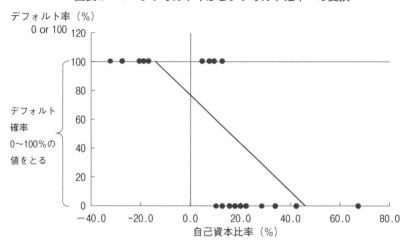

デフォルト率（％）
0 or 100

デフォルト
確率
0〜100％の
値をとる

自己資本比率（％）

デフォルトする可能性を示す予測値として明確に区別してほしい。この定義があいまいだと、議論が混乱するので、しっかりと押さえておいてほしい。

　デフォルト確率は、デフォルト率 Y を被説明変数、自己資本比率 X を説明変数とする回帰式「$Y=a+bX$」（「a」は切片、「b」は直線の傾き）によって算出できる。すなわち、統計手法を用いて**図表2－5**のような斜めの回帰直線を引くことによって求める（回帰式の詳細については、高橋（2005）、山本（1995）などを参照してほしい）。

　AI 審査モデルは、この回帰式（回帰直線）にほかならない。たとえば、P 社の場合は、自己資本比率が22.8％なので上方に進み、回帰直線にぶつかったところで左に進み、Y 軸と交差したところがデフォルト確率になる。つまり、P 社のデフォルト確率は31.4％となる。また、デフォルトした I 社の場合は自己資本比率が8.1％なので、下方に進み、回帰直線とぶつかったところで左に進み、Y 軸と交差したところがデフォルト確率になる。つまり、I 社のデフォルト確率は53.9％になる。

　デフォルト率は「0％」と「100％」の二つの値しかなかったが、モデル（$Y=a+bX$）を使うことによって「0〜100％」のさまざまな値をとるデフォルト確率に変換されていることが分かる。

図表２－５　関数の当てはめ

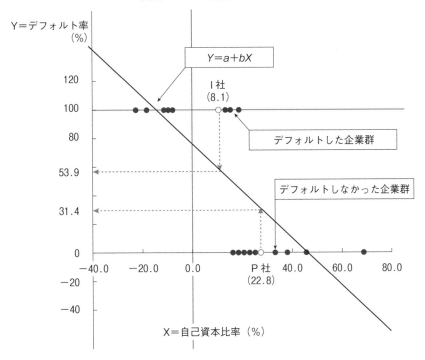

　このモデルを使えば、たとえば、未知の企業Ｖ社の１年後のデフォルト確率を、Ｖ社の現時点での自己資本比率の数値から算出することができるわけである。

2.1.2 線形回帰モデル

エクセル（Microsoft Excel 2019）を使って実際にモデルをつくり、その精度を確認してみよう。

【演習１】 線形回帰（単回帰）モデルの構築

(1) エクセルに**図表２－２**のとおり、データを入力する。

(2) データのタブから「データ分析」→「回帰分析」を選択する。

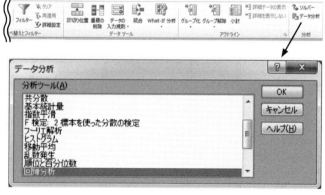

(3) 「入力 Y 範囲」にデフォルト率、「入力 X 範囲」に自己資本比率を範囲
指定する。

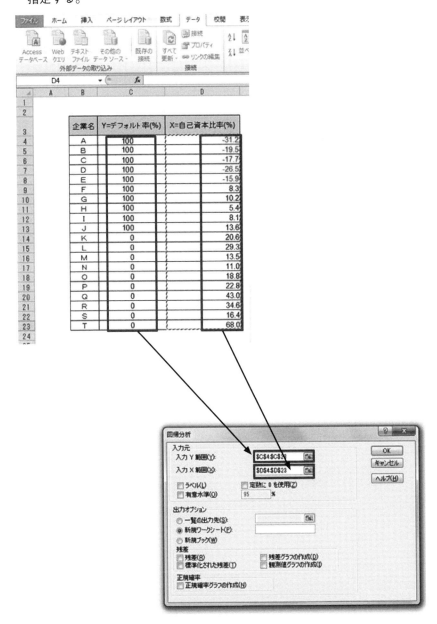

(4) 「OK」を押下すれば、以下のように結果が出力される。

結果の出力で、切片は0.663、X値1（自己資本比率）の係数がマイナス0.015となった。

概要

回帰統計	
重相関 R	0.725
重決定 R2	0.525
補正 R2	0.499
標準誤差	0.363
観測数	20.000

分散分析表

	自由度	変動	分散	観測された分散比	有意 F
回帰	1.000	2.627	2.627	19.927	0.000
残差	18.000	2.373	0.132		
合計	19.000	5.000			

	係数	標準誤差	t	P－値	下限95%	上限95%	下限95.0%	上限95.0%
切片	0.663	0.089	7.447	0.000	0.476	0.850	0.476	0.850
X 値 1	－0.015	0.003	－4.464	0.000	－0.023	－0.008	－0.023	－0.008

(5) 線形回帰モデルが以下のとおり構築できた。

		切片（a）	（b）	X 値 1
デフォルト確率（PD）	＝	0.663	－0.015×	自己資本比率

【演習2】 線形回帰モデルの精度

線形回帰モデルの精度はどれくらいだろうか。実際に確認してみよう。

(1) エクセルで以下のような表を作成する。

デフォルトの判定基準は任意であるが、ここでは、仮にデフォルト確率が30％以上になった企業は1年後にデフォルトすると予測する。

企業名	Y＝デフォルト率（％）	X＝自己資本比率（％）	デフォルト確率（％）	予測（％）	結果
A	100	−31.2			
B	100	−19.5			
C	100	−17.7			
D	100	−26.5			
E	100	−15.9			
F	100	8.3			
G	100	10.2			
H	100	5.4			
I	100	8.1			
J	100	13.6			
K	0	20.6			
L	0	29.3			
M	0	13.5			
N	0	11.0			
O	0	18.8			
P	0	22.8			
Q	0	43.0			
R	0	34.6			
S	0	16.4			
T	0	68.0			

③ 「当たり」「ハズレ」を記入

② デフォルト確率が30％以上なら「100」30％未満なら「0」を記入

① 「％」を記入

	係数
定数項（a）	
回帰係数（b）	

精度
20

(2) 各企業のデフォルト確率を計算する。

線形回帰モデルは「デフォルト確率＝0.6629－0.0153×自己資本比率」なので、各企業の自己資本比率の数値を代入して計算する。

たとえば、K社は自己資本比率が「20.6％」なので、デフォルト確率は「0.6629－0.0153×20.6＝34.8（％）」と計算される。

企業名	Y＝デフォルト率（％）	X＝自己資本比率（％）	デフォルト確率(%)	予測(%)	結果
A	100	－31.2	114.1		
B	100	－19.5	96.1		
C	100	－17.7	93.4		
D	100	－26.5	106.9		
E	100	－15.9	90.6		
F	100	8.3	53.6		
G	100	10.2	50.7		
H	100	5.4	58.0		
I	100	8.1	53.9		
J	100	13.6	45.5		
K	0	20.6	34.8		
L	0	29.3	21.4		
M	0	13.5	45.6		
N	0	11.0	49.4		
O	0	18.8	37.5		
P	0	22.8	31.4		
Q	0	43.0	0.5		
R	0	34.6	13.3		
S	0	16.4	41.2		
T	0	68.0	－37.8		

＝0.6629－0.0153×－31.2

＝0.6629－0.0153×－19.5

＝0.6629－0.0153×－17.7

	係数
定数項（a）	0.6629
回帰係数（b）	－0.0153

精度
20

60

(3) 各企業の１年後のデフォルト予測をする。

デフォルト確率が30%以上と算出された企業はデフォルト、それ以外は非デフォルトと定義する。表記は自由で「〇」「×」でもよいが、ここではデフォルトは「100」、非デフォルトは「0」と表記した。

企業名	Y＝デフォルト率（%）	X＝自己資本比率（%）	デフォルト確率（%）	予測（%）	結果
A	100	−31.2	114.1	100	
B	100	−19.5	96.1	100	
C	100	−17.7	93.4	100	
D	100	−26.5	106.9	100	
E	100	−15.9	90.6	100	
F	100	8.3	53.6	100	
G	100	10.2	50.7	100	
H	100	5.4	58.0	100	
I	100	8.1	53.9	100	
J	100	13.6	45.5	100	
K	0	20.6	34.8	100	
L	0	29.3	21.4	0	
M	0	13.5	45.6	100	
N	0	11.0	49.4	100	
O	0	18.8	37.5	100	
P	0	22.8	31.4	100	
Q	0	43.0	0.5	0	
R	0	34.6	13.3	0	
S	0	16.4	41.2	100	
T	0	68.0	−37.8	0	

デフォルト確率が30%以上なら「100」30%未満なら「0」を記入

50.7%＞30%なので「100」

21.4%＜30%なので「0」

	係数
定数項（a）	0.6629
回帰係数（b）	−0.0153

精度
20

(4) デフォルト率の値と予測の値を比較する。

　予測が実績と一致していれば結果は「当たり」、不一致なら結果は「ハズレ」になる。答え（実績）は Y の値を用いる。留意すべき点は、モデルはある時点の情報（たとえば、$t-1$ 年の自己資本比率（X）と t 年のデフォルトの有無（Y）の情報）を用いて構築しているということである。つまり、1 年後のデフォルトの有無が既知である過去のデータを使う。このデータをインサンプルという。実績がすでに分かっている既知のデータを用いて検証すると、分かっていない未知のデータ（これをアウトオブサンプルという）を用いて検証する場合に比べて精度が高めに出ることに注意してほしい。

　さて、最終的な精度を確認してみよう。20社のうち予測が当たったのは14社であった。最もシンプルな線形回帰モデルでも、ある程度は予測が当たることが分かる。

企業名	Y＝デフォルト率（％）	X＝自己資本比率（％）	デフォルト確率（％）	予測（％）	結果
A	100	−31.2	114.1	100	当たり
B	100	−19.5	96.1	100	当たり
C	100	−17.7	93.4	100	当たり
D	100	−26.5	106.9	100	当たり
E	100	−15.9	90.6	100	当たり
F	100	8.3	53.6	100	当たり
G	100	10.2	50.7	100	当たり
H	100	5.4	58.0	100	当たり
I	100	8.1	53.9	100	当たり
J	100	13.6	45.5	100	当たり
K	0	20.6	34.8	100	ハズレ
L	0	29.3	21.4	0	当たり
M	0	13.5	45.6	100	ハズレ
N	0	11.0	49.4	100	ハズレ
O	0	18.8	37.5	100	ハズレ
P	0	22.8	31.4	100	ハズレ
Q	0	43.0	0.5	0	当たり
R	0	34.6	13.3	0	当たり
S	0	16.4	41.2	100	ハズレ
T	0	68.0	−37.8	0	当たり

「Y」列と「予測」列が一致しているので、「当たり」

「Y」列と「予測」列が不一致なので、「ハズレ」

	係数
定数項（a）	0.6629
回帰係数（b）	−0.0153

精度
14
20

2.1.3 ロジスティック回帰モデル

　線形回帰モデル（$Y=a+bX$）には、実は問題がある。確率は 0 〜100％の値しかとらないはずだが、**図表 2 − 6** に示したように、T 社（−37.8％）や A 社（114.1％）のケースでは、マイナスの値や100％を超える値が算出された。

　デフォルト確率も確率なので、マイナスの値や100％を超える値になるのは適切ではない。そこで、次に**図表 2 − 7** のような曲線を当てはめることを考える。この曲線はロジスティック曲線という。

　この曲線を当てはめると、 0 〜100％の値に収まり、マイナスや100％以上の値をとることがなくなる。また、自己資本比率が一定以上になるとデフォルト確率は 0 ％に近い値をとり、一定以下だと100％に近い値をとるようになる。比率が一定以上（もしくは、以下）なら、何パーセントであろうとデ

図表 2 − 6　マイナスや100%超の値をとるケース

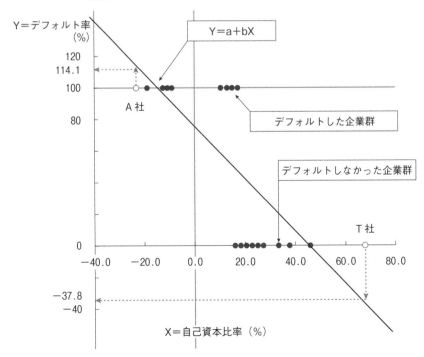

フォルトする可能性は低い（もしくは、高い）という現場の実感にもマッチする。中小企業向けのモデルでロジスティック回帰モデルがよく採用されるのは、現場の実感に合うという側面も背景にある。

図表2－7　ロジスティック曲線の当てはめ

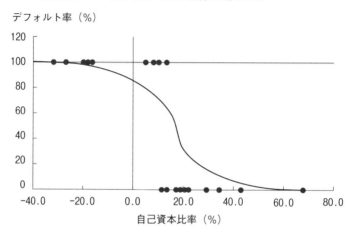

(1)　ロジスティック回帰モデルの数式表現

ロジスティック回帰モデルを数式で表現すると、以下の式のようになる。

ここで、PD_i は、企業 i のデフォルト確率、$\dfrac{1}{1+e^{-z_i}}$ は直線をロジスティック曲線に変換する関数（おまじないのようなもの）である。z_i は回帰式（＝$a + \beta X$）の部分で、X_i は企業 i の自己資本比率、a は定数項で β は係数である。z_i の $a + \beta X_i$ の部分だけをみれば、先に示した回帰式（$a+bX$）と同じ形をしている。通常、X（変数）は複数で構成される。

$$PD_i = \frac{1}{1+e^{-z_i}} \ , \ z_i = a + \beta X_i$$

z_i の意味を考えてみる。z_i が「 0 」の値をとるときは、$e^x = exp(x)$、$exp(0)$ = 1 となるので、$PD_i = \dfrac{1}{1+1} = 0.5$ となる。z_i が「プラス」の値をとるときは、$exp(-z_i) < 1$ となるので、$PD_i = \dfrac{1}{1+（<1）} > 0.5$ となる。つまり、z_i（リスク度）が高いほど、PD は0.5よりも高くなる。z_i が「マイナス」の値をとるときは、$exp(-z_i) > 1$ となるので、$PD_i = \dfrac{1}{1+（>1）} < 0.5$ となる。つまり、z_i（リスク度）が低いほど、PD は0.5よりも低くなる。リスク度が高いほど PD が高くなる。

Z	$-Z$	$exp(-Z)$	$1/(1+exp(-Z))$
0.0	0.0	1.00	0.50
0.3	-0.3	0.74	0.57
-0.3	0.3	1.35	0.43

⑵　ロジスティック回帰モデルの係数の推定

　係数は最尤法（最尤推定法）を用いて推定する。通常は対数に変換した尤度（対数尤度）が最大になるような係数を推定している。最尤法の概要をできる限り簡潔に解説する。

　まず、三つの企業（$i = 1, 2, 3$、i は企業）のデフォルトおよび非デフォルトの実績（y）が、企業1がデフォルト、企業2がデフォルト、企業3が非デフォルトとすると、$y_1 = 1, y_2 = 1, y_3 = 0$　と表現できる。

　企業 i のリスクファクターx_i（たとえば、自己資本比率）が観察できたとき、三つの企業が、デフォルト、デフォルト、非デフォルトとなる確率、確からしさ（尤度L）は、デフォルトが互いに独立である（連鎖倒産など相関がない）とすると、

　　　$L = \Pr(y_1 = 1 \ \cap \ y_2 = 1 \ \cap \ y_3 = 0)$

となる。これは、企業1がデフォルトし、かつ、企業2がデフォルトし、かつ、企業3がデフォルトしないことが同時に起きる確率（Pr）を L（尤度）とするという意味である。さらに、L は、以下のように書き換えられる。企業1のデフォルト確率と企業2のデフォルト確率と企業3のデフォルトしない確率を乗じたものが L である。

$$L = \Pr(y_1 = 1 \cap y_2 = 1 \cap y_3 = 0) = PD_1 \times PD_2 \times (1 - PD_3)$$

ここで、企業 i のデフォルト確率が、ロジスティック回帰により推定できるとすれば、

$$PD_i = \Pr(y_1 = 1) = \frac{1}{1 + e^{-a - \beta x_i}}$$

と表現できるので、

$$L = \Pr(y_1 = 1 \cap y_2 = 1 \cap y_3 = 0) = PD_1 \times PD_2 \times (1 - PD_3)$$

$$= \left[\frac{1}{1 + e^{-a - \beta x_1}} \right] \times \left[\frac{1}{1 + e^{-a - \beta x_2}} \right] \times \left[1 - \frac{1}{1 + e^{-a - \beta x_3}} \right]$$

となる。

つまり、係数「a、β」は L が最大になるように決めるのである。解析的に解くのは難しいので、エクセルのソルバー等を用いた反復計算により、L が最大値になるような係数「a、β」の組み合わせを反復処理して、解を収束させる。ただし、掛け算だと計算が複雑になってコンピューターに負荷がかかるので、通常は対数をとってから計算する。

$$lnL = ln\left[\frac{1}{1 + e^{-a - \beta x_1}} \right] + ln\left[\frac{1}{1 + e^{-a - \beta x_2}} \right] + ln\left[1 - \frac{1}{1 + e^{-a - \beta x_3}} \right]$$

となる（対数をとったことにより、「×」が「＋」になっていることに注意）。

これを一般化すると、デフォルト企業（N_1社）と非デフォルト企業（N_2社）の合計（$N=N_1+N_2$）の尤度は、

$$L = \prod_{i=1}^{N} PD_i^{y_i}(1-PDi)^{1-y_i}$$

なので、

$$lnL = \sum_{i=1}^{N} y_i lnPD_i + \sum_{i=1}^{N}(1-y_i)ln(1-PD_i)$$

$$= \sum_{i=1}^{N_1} lnPD_i + \sum_{i=N_1+1}^{N_2} ln(1-PD_i)$$

$$= \sum_{i=1}^{N_1} ln\left[\frac{1}{1+e^{-a-\beta x_i}}\right] + \sum_{i=N_1+1}^{N_2} ln\left[\frac{1}{1+e^{-a-\beta x_i}}\right]$$

となる。対数尤度（lnL）が最大になるような「a、β」の組み合わせを、エクセルのソルバー等を用いて反復計算する。実際に演習してみよう。

Memo　損失関数と機械学習

　最尤法は、機械学習の分野では、２値分類（この場合は、デフォルトするかしないか）の問題を扱う場合の損失関数に使われる。いわゆる交差エントロピー誤差と同じ手法である。最小二乗法も損失関数の一つである。この損失関数から計算される値（予測と正解の誤差）ができる限り小さくなるようにモデルの係数を決める。

　計算は後述するように、通常はエクセルのソルバーのような反復計算で行う。具体的には、最初に適当な数値（これを初期値という）を入れて、誤差を算出する。次に、また適当な数値、たとえば、初期値に0.1を加えた数値を入れて計算する。このとき、誤差が小さくなれば、さらにプラスの値を加えて計算し、大きくなればマイナスの値を加えて計算する。このような計算を繰り返して、誤差が最も小さくなる値に近づけていく。この過程を学習するという。コンピューターが機械的に学習するので、機械学習と呼ばれるのである。

【演習3】 ロジスティック回帰モデルの構築

エクセルを使って簡単なロジスティック回帰モデルを作ってみよう。使用するデータは比較のために線形回帰モデルと同じデータを使用する。

(1) エクセルで以下のような表を作成する。

	B	C	D	E	F	G	H
2		係数					
3	定数項 (a)						
4	回帰係数 (β)						
5							
6	企業名	$Y=$デフォルト率 (%)	$X=$自己資本比率 (%)	Z	PD	1−PD	対数尤度
7				\$C\$3+\$C\$4*D○	1/(1+EXP(−E○))	1−F○	(C○=1)*LN(F○)+(C○=0)*LN(G○)
8	A	100	−31.2				
9	B	100	−19.5				
10	C	100	−17.7				
11	D	100	−26.5				
12	E	100	−15.9				
13	F	100	8.3				
14	G	100	10.2				
15	H	100	5.4				
16	I	100	8.1				
17	J	100	13.6				
18	K	0	20.6				
19	L	0	29.3				
20	M	0	13.5				
21	N	0	11.0				
22	O	0	18.8				
23	P	0	22.8				
24	Q	0	43.0				
25	R	0	34.6				
26	S	0	16.4				
27	T	0	68.0				
28							
29						L	

(2) それぞれのセルに以下のような計算式を入力して、対数尤度の合計値 *L* が最大となるような「α」と「β」の組み合わせを、ソルバーを用いて探索する。

Lが最大になるような、「α」と「β」の組み合わせを求める。

	B	C	D	E	F	G	H
2		係数					
3	定数項 (α)						
4	回帰係数 (β)						
5							
6/7	企業名	$Y=$デフォルト率 (%)	$X=$自己資本比率 (%)	Z $\$C\$3+\$C\$4{}^*D○$	PD $1/(1+EXP(-E○))$	$1-PD$ $=1-F○$	対数尤度 $(C○=1)^*LN(F○)+(C○=0)^*LN(G○)$
8	A	100	-31.2	$=\$C\$3+\$C\$4{}^*D8$	$=1/(1+EXP(-E8))$	$=1-F8$	$=(C8=1)^*LN(F8)+(C8=0)^*LN(G8)$
9	B	100	-19.5	$=\$C\$3+\$C\$4{}^*D9$	$=1/(1+EXP(-E9))$	$=1-F9$	$=(C9=1)^*LN(F9)+(C9=0)^*LN(G9)$
10	C	100	-17.7	$=\$C\$3+\$C\$4{}^*D10$	$=1/(1+EXP(-E10))$	$=1-F10$	$=(C10=1)^*LN(F10)+(C10=0)^*LN(G10)$
11	D	100	-26.5	$=\$C\$3+\$C\$4{}^*D11$	$=1/(1+EXP(-E11))$	$=1-F11$	$=(C11=1)^*LN(F11)+(C11=0)^*LN(G11)$
12	E	100	-15.9	$=\$C\$3+\$C\$4{}^*D12$	$=1/(1+EXP(-E12))$	$=1-F12$	$=(C12=1)^*LN(F12)+(C12=0)^*LN(G12)$
13	F	100	8.3	$=\$C\$3+\$C\$4{}^*D13$	$=1/(1+EXP(-E13))$	$=1-F13$	$=(C13=1)^*LN(F13)+(C13=0)^*LN(G13)$
14	G	100	10.2	$=\$C\$3+\$C\$4{}^*D14$	$=1/(1+EXP(-E14))$	$=1-F14$	$=(C14=1)^*LN(F14)+(C14=0)^*LN(G14)$
15	H	100	5.4	$=\$C\$3+\$C\$4{}^*D15$	$=1/(1+EXP(-E15))$	$=1-F15$	$=(C15=1)^*LN(F15)+(C15=0)^*LN(G15)$
16	I	100	8.1	$=\$C\$3+\$C\$4{}^*D16$	$=1/(1+EXP(-E16))$	$=1-F16$	$=(C16=1)^*LN(F16)+(C16=0)^*LN(G16)$
17	J	100	13.6	$=\$C\$3+\$C\$4{}^*D17$	$=1/(1+EXP(-E17))$	$=1-F17$	$=(C17=1)^*LN(F17)+(C17=0)^*LN(G17)$
18	K	0	20.6	$=\$C\$3+\$C\$4{}^*D18$	$=1/(1+EXP(-E18))$	$=1-F18$	$=(C18=1)^*LN(F18)+(C18=0)^*LN(G18)$
19	L	0	29.3	$=\$C\$3+\$C\$4{}^*D19$	$=1/(1+EXP(-E19))$	$=1-F19$	$=(C19=1)^*LN(F19)+(C19=0)^*LN(G19)$
20	M	0	13.5	$=\$C\$3+\$C\$4{}^*D20$	$=1/(1+EXP(-E20))$	$=1-F20$	$=(C20=1)^*LN(F20)+(C20=0)^*LN(G20)$
21	N	0	11.0	$=\$C\$3+\$C\$4{}^*D21$	$=1/(1+EXP(-E21))$	$=1-F21$	$=(C21=1)^*LN(F21)+(C21=0)^*LN(G21)$
22	O	0	18.8	$=\$C\$3+\$C\$4{}^*D22$	$=1/(1+EXP(-E22))$	$=1-F22$	$=(C22=1)^*LN(F22)+(C22=0)^*LN(G22)$
23	P	0	22.8	$=\$C\$3+\$C\$4{}^*D23$	$=1/(1+EXP(-E23))$	$=1-F23$	$=(C23=1)^*LN(F23)+(C23=0)^*LN(G23)$
24	Q	0	43.0	$=\$C\$3+\$C\$4{}^*D24$	$=1/(1+EXP(-E24))$	$=1-F24$	$=(C24=1)^*LN(F24)+(C24=0)^*LN(G24)$
25	R	0	34.6	$=\$C\$3+\$C\$4{}^*D25$	$=1/(1+EXP(-E25))$	$=1-F25$	$=(C25=1)^*LN(F25)+(C25=0)^*LN(G25)$
26	S	0	16.4	$=\$C\$3+\$C\$4{}^*D26$	$=1/(1+EXP(-E26))$	$=1-F26$	$=(C26=1)^*LN(F26)+(C26=0)^*LN(G26)$
27	T	0	68.0	$=\$C\$3+\$C\$4{}^*D27$	$=1/(1+EXP(-E27))$	$=1-F27$	$=(C27=1)^*LN(F27)+(C27=0)^*LN(G27)$

L	$=SUM(H8:H27)$

(3) エクセルのソルバーで解を求める。

αとβの初期値は適当でよいが、おおよそこれくらいという経験値があれ
ばその値を入力する。少なくとも計算セルに「#NUM!」が出ないように設
定する。また、「制約のない変数を非負数にする」のチェックが外れている
か確認する。

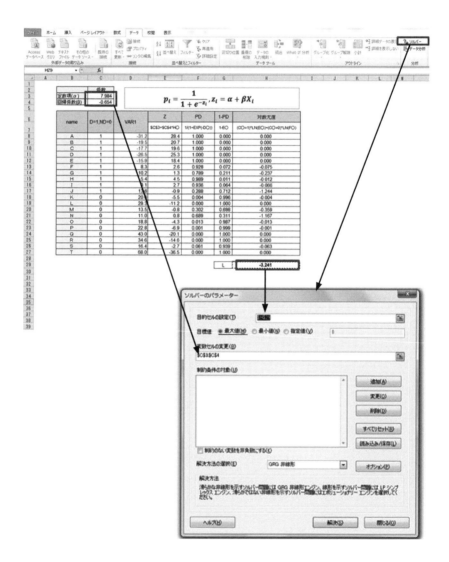

(4) 計算の結果、α は7.984、β は−0.654となり、以下のようなロジスティック回帰モデルが構築できた。

$$p_i = \frac{1}{1 + e^{-z_i}},\ z_i = \alpha + \beta X_i : z_i = 7.984 - 0.654 \times 自己資本比率$$

	B	C	D	E	F	G	H
2		係数					
3	定数項（α）	7.984					
4	回帰係数（β）	−0.654					
5							
6	企業名	Y＝デフォルト率（％）	X＝自己資本比率（％）	Z	PD	1−PD	対数尤度
7				\$C\$3＋\$C\$4*D○	1/(1＋EXP(−E○))	1−F○	(C○＝1)*LN(F○)＋(C○＝0)*LN(G○)
8	A	100	−31.2	28.4	1.000	0.000	0.000
9	B	100	−19.5	20.7	1.000	0.000	0.000
10	C	100	−17.7	19.6	1.000	0.000	0.000
11	D	100	−26.5	25.3	1.000	0.000	0.000
12	E	100	−15.9	18.4	1.000	0.000	0.000
13	F	100	8.3	2.6	0.928	0.072	−0.075
14	G	100	10.2	1.3	0.789	0.211	−0.237
15	H	100	5.4	4.5	0.989	0.011	−0.012
16	I	100	8.1	2.7	0.936	0.064	−0.066
17	J	100	13.6	−0.9	0.288	0.712	−1.244
18	K	0	20.6	−5.5	0.004	0.996	−0.004
19	L	0	29.3	−11.2	0.000	1.000	0.000
20	M	0	13.5	−0.8	0.302	0.698	−0.359
21	N	0	11.0	0.8	0.689	0.311	−1.167
22	O	0	18.8	−4.3	0.013	0.987	−0.013
23	P	0	22.8	−6.9	0.001	0.999	−0.001
24	Q	0	43.0	−20.1	0.000	1.000	0.000
25	R	0	34.6	−14.6	0.000	1.000	0.000
26	S	0	16.4	−2.7	0.061	0.939	−0.063
27	T	0	68.0	−36.5	0.000	1.000	0.000
28							
29						L	−3.241

【演習4】 ロジスティック回帰モデルの精度

ロジスティック回帰モデルの精度はどれくらいだろうか。線形回帰モデルと比較しながら、演習2と同じ手順で確認してみよう。

(1) エクセルで以下のような表を作成する。

デフォルト確率の算出はやや複雑なので、念のため各セルに数式を表記した。

	B	C	D	E	F	G
2						
3	企業名	Y＝デフォルト率（％）	X＝自己資本比率（％）	デフォルト確率（％）	予測（％）	結果
4	A	100	−31.2	＝1／(1＋EXP(−(E26＋E27*D4)))		
5	B	100	−19.5	＝1／(1＋EXP(−(E26＋E27*D5)))		
6	C	100	−17.7	＝1／(1＋EXP(−(E26＋E27*D6)))		
7	D	100	−26.5	＝1／(1＋EXP(−(E26＋E27*D7)))		
8	E	100	−15.9	＝1／(1＋EXP(−(E26＋E27*D8)))		
9	F	100	8.3	＝1／(1＋EXP(−(E26＋E27*D9)))		
10	G	100	10.2	＝1／(1＋EXP(−(E26＋E27*D10)))		
11	H	100	5.4	＝1／(1＋EXP(−(E26＋E27*D11)))		
12	I	100	8.1	＝1／(1＋EXP(−(E26＋E27*D12)))		
13	J	100	13.6	＝1／(1＋EXP(−(E26＋E27*D13)))		
14	K	0	20.6	＝1／(1＋EXP(−(E26＋E27*D14)))		
15	L	0	29.3	＝1／(1＋EXP(−(E26＋E27*D15)))		
16	M	0	13.5	＝1／(1＋EXP(−(E26＋E27*D16)))		
17	N	0	11.0	＝1／(1＋EXP(−(E26＋E27*D17)))		
18	O	0	18.8	＝1／(1＋EXP(−(E26＋E27*D18)))		
19	P	0	22.8	＝1／(1＋EXP(−(E26＋E27*D19)))		
20	Q	0	43.0	＝1／(1＋EXP(−(E26＋E27*D20)))		
21	R	0	34.6	＝1／(1＋EXP(−(E26＋E27*D21)))		
22	S	0	16.4	＝1／(1＋EXP(−(E26＋E27*D22)))		
23	T	0	68.0	＝1／(1＋EXP(−(E26＋E27*D23)))		
24						
25				係数		精度
26			定数項（α）	7.98381363781546		
27			回帰係数（β）	−0.653559844857634		20

72

(2) 線形回帰モデルと同様に予測と結果を入力する。

　各企業の1年後のデフォルト予測をする。今回も、デフォルト確率が30％以上となった企業はデフォルト、それ以外は非デフォルトと定義する。Y（デフォルト率）の値（実績）と予測の値を比較して一致していれば結果は「当たり」、不一致なら結果は「ハズレ」にする。

　結果を確認してみよう。まず、デフォルト確率が0～100％の間に収まっていることが確認できる。次に、20社のうち予測が当たったのは17社となった。線形回帰モデルでは14社だったので、精度が向上していることが分かる。

企業名	Y＝デフォルト率（％）	X＝自己資本比率（％）	デフォルト確率（％）	予測（％）	結果
A	100	−31.2	100.0	100	当たり
B	100	−19.5	100.0	100	当たり
C	100	−17.7	100.0	100	当たり
D	100	−26.5	100.0	100	当たり
E	100	−15.9	100.0	100	当たり
F	100	8.3	92.8	100	当たり
G	100	10.2	78.9	100	当たり
H	100	5.4	98.9	100	当たり
I	100	8.1	93.6	100	当たり
J	100	13.6	28.8	0	ハズレ
K	0	20.6	0.4	0	当たり
L	0	29.3	0.0	0	当たり
M	0	13.5	30.2	100	ハズレ
N	0	11.0	68.9	100	ハズレ
O	0	18.8	1.3	0	当たり
P	0	22.8	0.1	0	当たり
Q	0	43.0	0.0	0	当たり
R	0	34.6	0.0	0	当たり
S	0	16.4	6.1	0	当たり
T	0	68.0	0.0	0	当たり

	係数
定数項（α）	7.9838
回帰係数（β）	−0.6536

精度
17
20

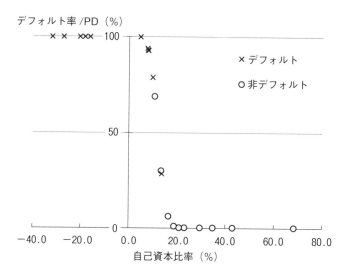

本書では、直感的な分かりやすさを優先している。ロジスティック回帰モデルについて詳しい知識を得たい場合は、森平（2009）や山下・三浦（2011）などを参考にしていただきたい。

　また、モデル構築をさらに詳しく知りたい読者は、森平（2011）を読むことをお勧めする。

Memo　デフォルトの定義

　デフォルトは、法的破綻や営業をしていない倒産を意味する場合もあるが、一般にはそれよりも程度が軽い状態、つまり、返済が遅れているという債務不履行の状態を指すことが多い。ただ、デフォルトに統一的な定義はない。銀行や規制などによってデフォルトの定義や算出方法は異なる。

　たとえば、RDB（日本リスク・データ・バンク）のデフォルト率は、債務者が過去12か月以内に、3か月以上延滞先、もしくは破綻懸念先以下の債務者区分に初めて該当することをデフォルトと定義している。

　また、CRD協会は、「1．3ヶ月以上延滞先　2．実質破綻先　3．破綻先　4．信用保証協会による代位弁済先」と定義している。バーゼルⅡのデフォルトの定義は、おおむね要管理先以下の債権に相当する。実務で運用する場合は、破綻懸念先以下と定義する銀行も多い。

　このように、デフォルトの定義はさまざまである。デフォルトの定義が異なれば、説明変数や最適なモデルも異なってくる。外部のモデルを利用する場合、デフォルトの定義が異なると、想定していた精度が得られない場合がある。

　外部モデルの精度を評価したり、モデルの比較を行ったりするときは、デフォルトの定義をよく確認する必要がある。

2.1.4　ランダムフォレスト、勾配ブースティング

　本項ではブラックボックス型の AI 審査モデルのしくみについて触れる。前置きするが、厳密な数学で説明するのは本書のレベルを超えるので、あくまでもイメージをつかむことに力点を置いている。それでも、ブラックボックス型の名のとおり、答えの導出過程が分かりにくいしくみであることを承知しておいてほしい。

　はじめに解説するのは、中 AI に分類されるブラックボックス型のなかでも比較的分かりやすい構造をもつランダムフォレストや勾配ブースティングといった決定木（Decision Tree：ディシジョンツリー）をベースにしたモデルを取り上げる。

　図表 2 - 8 のようなデータがある。21社の企業のデフォルトの有無と 1 年前の売上高経常利益率および自己資本比率の数値である。

　このデータをプロットすると**図表 2 - 9** のようになる。

図表 2 - 8　21社の財務データとデフォルトの有無

企業名	売上高経常利益率（%）	自己資本比率（%）	デフォルトの有無
A	9	− 31	1
B	− 5	− 20	1
C	6	− 18	1
D	8	− 16	1
E	− 7	8	1
F	− 2	5	1
G	2	8	1
H	3	34	1
I	3	5	1
J	1	25	1
K	8	20	0
L	15	− 5	0
M	11	21	0
N	7	29	0
O	6	5	0
P	12	19	0
Q	9	23	0
R	15	32	0
S	12	− 10	0
T	9	28	0
U	10	− 30	0

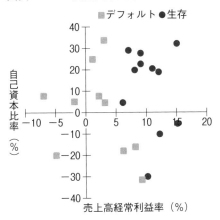

図表2−9　自己資本比率と利益率の分布

このデータをもとに Python の scikit-learn というプログラムを使って機械学習すると、決定木は**図表2−10**のようになる。枝葉（ノード）が分かれており、木（ツリー）のような構造をしていることから決定木と呼ばれている。「経常利益率が4.5%以上」という基準は、統計手法をもとにした指標（交差エントロピーやジニ係数など）を用いて、最もきれいに分類できる値を決める。

図表2−10　決定木のしくみ

```
          経常利益率
          4.5%以上？
     NO  /         \  YES
  デフォルト       自己資本比率
                  −13%以上？
              NO /        \ YES
          デフォルト      経常利益率
                        9.5%以上？
                    NO /        \ YES
                デフォルト       生存
```

この決定木の構造について、**PART 1** でブラックボックス型は変数とデフォルトとの関係が非線形でも対応できると述べた。そのしくみについて図を使って解説する。

図表2－11　非線形のイメージ

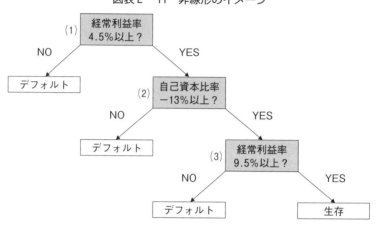

　まず、**図表2－11**のツリーの1層目をみてほしい。ここでは「経常利益率が4.5%以上かどうか」でデフォルトと生存を分類している。p. 79の(1)の図のほぼ真ん中にある直線で分類されていることが分かる。直線より左側の領域がデフォルトと予測、右側が生存と予測している。直線で分類しているので、この段階では線形である。

　(1)の図の右側をみると、生存と予測した領域にデフォルト企業が3社入っている。そこで、ツリーの2層目で「自己資本比率が－13%以上かどうか」でさらに分類している。(2)の図をみると、L字型の線を境にデフォルトと生存が分類されている。(1)よりもデフォルトと生存がよく分類されていることが分かる。この段階ですでに線形ではなくなっていることに注意してほしい。

　よく分類されているが、まだデフォルトの領域に生存企業が1社入っている。そこで、ツリーの3層目で「経常利益率が9.5%以上かどうか」でさらに分類し、最終的に(3)の図のように、デフォルトと生存を完全に分類できていることが分かる。

(1)

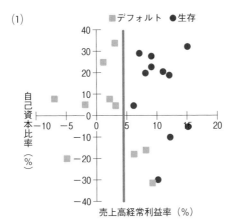

(2)

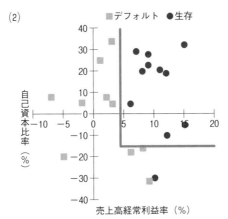

(3)

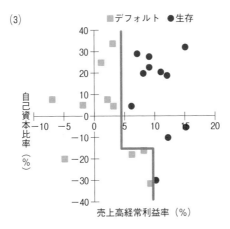

さて、このモデルにおいて、ある企業 W 社（売上高経常利益率11%、自己資本比率10%）のデフォルト判別をすると、「経常利益率4.5%以上→自己資本比率−13%以上→経常利益率9.5%以上」となり、「生存」と判定される。結果の解釈も利益率が高くて自己資本もプラスであるという分かりやすさがある。なぜ、答えの導出過程が分かりにくいといわれるのだろうか。

このケースでは、ツリーは３層であるが、通常は10層以上になる。さらに、変数も二つなので、２次元で表現できるが、変数は一般的に４つ以上、つまり、４次元以上（超平面）になるので可視化できない。たとえば、ある企業がデフォルトと判定された理由は、「○○であり、かつ、××であり、かつ、△△であり、かつ……」と、少し考えただけで理解が困難になることは容易に想像できる。

さらに、ランダムフォレストや勾配ブースティングでは、この決定木を複数使用（アンサンブル学習）して、その結果を多数決したり、結果と予測の誤差を使ってさらに次の決定木を作成することを繰り返したりして複雑な構造になっている。こうなると、結果の解釈は容易ではない。

ブラックボックス型モデルがどの変数をどれだけ重要視しているのかを表現するアルゴリズム（Feature Importance や SHAP など）が用意されており、それを使えば、ある程度は解釈することはできる。それでも、ホワイトボックス型のような解釈性を求めることは難しい。

また、結果の解釈の困難性と同時に、ブラックボックス型のデメリットとしてあげられるのが、オーバーフィッティング（過学習）の問題である。たとえば、**図表２−11**の決定木を可視化すると p. 79の(3)の図のようになる。デフォルトと生存が完全に判別できている様子が分かる。

ただし、デフォルト企業の経常利益率と自己資本比率は、来年も同じとは限らない。これまでは生存に分類されていた経常利益率と自己資本比率の値の企業が来年も必ず生存するという保証はない。境界線に近い企業であればあるほど、(3)の図と異なる結果になる可能性がある。このような現象は、当てはまりが良いモデルであればあるほど生じやすい。

ブラックボックス型は、インサンプルの当てはまりが良すぎると、アウト

オブサンプルの当てはまりが悪くなるというオーバーフィッティング（過学習）になる傾向がある。これまでの研究でも、インサンプルとアウトオブサンプルの結果に差が生じやすいことが明らかになっている。

　これは金融分野ではよく起こる現象である。「この画像はネコであるかどうか」を判別する目的であれば、インサンプルとアウトオブサンプルの差が生じにくい。ネコの顔は、1年や2年では大きくは変わらないからである。

　しかし、デフォルトは、景気や災害などで大きく変動するうえ、企業業績も一定ではない。利益率や自己資本比率に対するデフォルトと生存の閾値が時間の経過とともに変動（太破線部分が移動）するため、未知のデータに対する精度が低下してしまうのである。

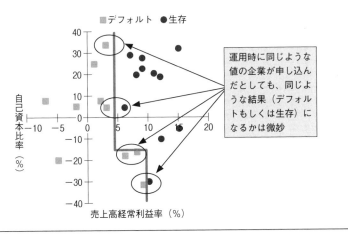

Memo　**オーバーフィッティング**（過学習）

　モデルを構築したときの判別力（AR値）に比べて、実務で運用したときのAR値が想定以上に低下する現象。構築するときは既知の（デフォルトの有無が分かっている）データを使用する一方で、運用するときは未知の（デフォルトの有無が分かっていない）データになることに起因する。差が大きいと実務への影響が大きい。オーバーフィッティングは、経年劣化（☞ p.107）が大きくなりやすい。

2.1.5 ディープラーニング（深層学習）

　強AIに分類されるブラックボックス型モデルがディープラーニング（DL）である。DLはニューラルネットワーク（NN）という手法を多層化したものでディープ（多層）ニューラルネットワーク（DNN）ともいう。まず、NNのしくみをイメージしてみよう。

　NNの基本的な構造を示したものが**図表2−12**である。入力層、隠れ層（中間層ともいう）、出力層の3層構造となっている。入力層の①〜⑦は変数のようなものであり、隠れ層の1〜3のニューロンは、その変数をウェイト付けしてデフォルトを判別する何らかの要素、たとえば、経営者の資質や技術力などを示す合成変数のようなものである。これらのニューロン1〜3の総合得点でデフォルトと生存のウェイトが決まり、最終的にそのウェイトの大きさでデフォルト確率が決まるといったイメージである。

　隠れ層のウェイト付けをするアルゴリズムは活性化関数と呼ばれ、ReLU関数が使われることが多く、隠れ層から出力層への活性化関数にはシグモイド関数がよく使われる。

図表2−12　ニューラルネットワークのイメージ

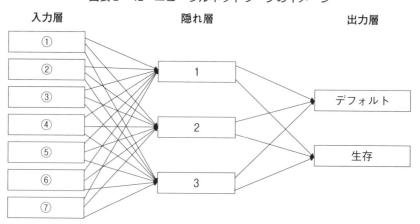

分かりにくいのは、隠れ層にある合成変数のようなニューロン１〜３の解釈である。先ほど、仮に「経営者の資質」とか「技術力」と解説したが、実際には何を示しているのか解釈することが難しい。しかも、DL は隠れ層を多層化した多層ニューラルネットワーク（DNN）を使用しており、このような合成変数がさらに合成されると解釈することは不可能に近い。SHAP を使えばある程度は可能といわれているが、ある変数の重要度が分かっても、その変数が何を意味するものなのか表現できなければ、解釈できないに等しい。また、SHAP は計算負荷が重く、実務での利用には課題が残る。

　DNN には、畳み込みニューラルネットワーク（CNN）や回帰型ニューラルネットワーク（RNN）など、さまざまな手法が提案されている。テキストデータをはじめ、画像や音声データを与信判断に活用しようと研究が進み、CNN や RNN を一部に用いた AI 審査モデルも登場しているが、まだ課題も多く、今後の精度向上が待たれるところである。

Memo　教師あり学習と教師なし学習

　教師あり学習、教師なし学習の違いは、大ざっぱにいえば、答え（教師）を含むデータがあるかないかである。AI 審査モデルを例に考えてみる。どのようなタイプの企業がデフォルトする可能性が高いのかを分析する際に、ある時期（t 年）の財務データと１年後（$t+1$ 年）にデフォルトしたかどうかを示すデータを用いるとする。

　この場合、デフォルトしたかどうかという答え（教師）を含んでいるので、このデータを用いて分析すれば、教師あり学習になる。教師あり学習の目的は、デフォルトするかしないか、できる限り正しい答えを出すことである。回帰分析や決定木、SVM は教師あり学習の手法である。

　教師なし学習とは、答え（教師）が含まれていないデータで分析する手法である。先の例でいうと、デフォルトしたかどうかを示す答え（$t+1$ 年のデータ）がなく、t 年の財務データだけを使って、企業を分類したり、変数を要約したりして、データの特徴を把握するものである。クラスター分析や主成分分析は、教師なし学習の代表的な手法である。

Feature Importance

　図表2−13が出力イメージである。左側の数字が変数名（特徴量名）であり、横棒グラフの長さが変数の寄与度になる。すべてを足すと「1」になる構成比で示されている。あるモデルについて、どの変数がどれだけ判別力の向上に寄与しているのかをみることができる。ただ、個々の企業のスコアについて、どの変数がどの程度寄与しているのかは算出できない。

図表2−13　Feature Importance のイメージ

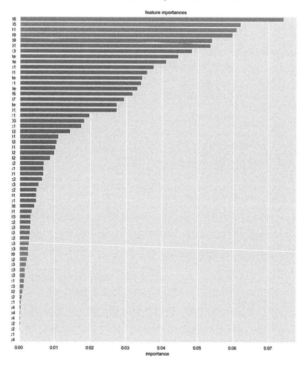

ニューロンは、入力層の情報をウェイト付けして合計したものである。x を変数、w をウェイトとすると、ニューロン θ は、$w_1x_1+w_2x_2+\cdots+w_nx_n=\theta$ となる。式のとおり、NN は単層だと線形になる。多層にすることで、非線形に対応しているのである。

2.2　モデル構築のプロセス

2.1では、AI 審査モデルのイメージを実感してもらうために、エクセルで簡単な線形回帰モデルを構築した。本節では、実務におけるモデル構築のプロセスとそれぞれのポイントについて解説する。実務では、変数選択やデータ収集、精度検証など、モデル構築の前後の段階に多くの時間をかけている。モデルの精度は、モデル構築前後のプロセスの良し悪しがカギを握るからである。主なプロセスは**図表2－14**のとおりである。

①と②は、データ収集の制約から変数候補が制限される場合があり、①と②が同時に行われることもある。プロセスのなかで最も重要なのは④の変数候補の絞り込みである。変数次第でモデルの精度が左右され、有効な変数を一つみつけただけで性能が大きく改善することもある。もちろん、有効な変数をみつけることは容易ではない。変数選択のポイントについては、やや詳しく解説する。

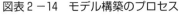

図表2－14　モデル構築のプロセス

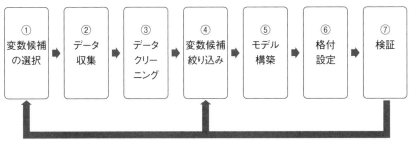

2.2.1　変数候補の選択

モデル構築の第1ステップは、変数候補の選択である。ホワイトボックス型は財務指標が主体になるが、経営者の資質や技術力などの定性情報も何らかの方法で数値化すれば変数として利用できる。ブラックボックス型は画像や音声、テキストデータなども変数として利用できる。

変数候補は、さまざまな角度から、デフォルトと関係がありそうな情報を選択する。候補の数は通常は100程度であるが、前期比や対数値などを含めると数百に上る。ブラックボックス型は数千、数万という変数を使用することもある。デフォルトとの相関が強いかどうかはもちろんであるが、それ以外にも重要な視点がある。変数候補の選択にあたってのポイントをみていこう。

① **審査員の知見をベースにした選択**

ベテラン審査員には「業歴10年を超えると経営は安定してくる」「流動比率が短期間で急激に高くなった場合は要注意」など、長年にわたって積み重ねられた経験則やノウハウがある。変数候補を選択する場合、審査員の思考過程との整合性を確認することが大切である。

どんなに精度の高いモデルが構築できても、審査員が納得できなければ審査支援ツールとしては使えない。たとえば、財務分析では自己資本比率が高いほどデフォルト率は低くなると考えられるため、仮に自己資本比率が高いほどデフォルト率が高くなるという関係が有意になったとしても、審査判断の根拠としては活用できない。審査員が説明できないからである。AI審査モデルの変数選択においては、実務の理論や経験則との整合性は最も重要である。

もっとも、ブラックボックス型は、理論や経験則との整合性に固執せず、当てはまりを良くするために多数の変数を用いている。それでも、精度が高くなるからといって、「天気」や「経営者の身長」など、明らかにデフォルトと関係のなさそうな変数を候補にすることは避けるべきである。

② **経営者個人の信用力をベースにした選択**

中小企業、とりわけ小規模企業の場合は、経営者個人の資産や負債などの

状況が会社経営に大きな影響を与える。会社の資産規模が小さいので、経営者が資金を会社に貸し付けたり、経営者の報酬を減らして赤字を補填したりする。小規模企業の審査では、経営者の信用力の分析に、会社の評価と同じぐらいのウェイトをかける。米国では、小規模企業の信用リスクは、経営者個人の信用情報で代替できるといわれるほど重要視している。

したがって、法人企業であっても、経営者個人の資産や負債に関する情報は有力な変数候補になり得る。ただ、経営者の個人情報を収集するのは容易ではない。手間暇をかけて収集することは、モデルのメリットの一つであるローコストオペレーションに逆行する。経営者の個人情報を加味する場合は、低コストで収集できる方法を考えることがポイントになる。この点では、購買履歴や返済履歴など、経営者個人の詳細な情報を保有している EC企業やクレジットカード会社などが、現時点では銀行よりも優位である。

銀行業界では、こうした情報を取得しようと、異業種と情報連携する動きが加速している。将来的には、情報銀行やオープン API などのスキームを通じて、経営者の購買履歴や SNS、他行も含めた銀行口座の入出金情報、株式や保険といった資産・負債情報を取得できるようになると考えられる。

③ 倫理的視点をベースにした選択

変数選択にあたって留意すべき点がある。それは有効な変数であればどんな変数を使ってもよいわけではないということである。たとえば、性別や人種など、たとえ統計上有意であったとしても倫理上使用してはならない。

2.2.2 データ収集とデータクリーニング

(1) データ収集

変数候補を選択したら、次はデータ収集である。データ収集の方法を間違えると、有効な変数を見落とすことになりかねない。ポイントは主に4つある。

① サンプル数

サンプル数は多ければ多いほど精度の高いモデルをつくることができる。もっとも、たくさんのデータを集めてきても、デフォルトデータが少ないとモデルはつくれない。できる限り多くのデフォルトデータが必要である。明

確な基準はないが、最低でも100社以上、できれば数百から数千単位ぐらいあることが望ましい。たかが100社といっても、デフォルト率を１％と仮定すると、非デフォルト企業を含めた全体の企業数は10,000社になる。

さらに、ローン商品別、業種別、規模別にモデルを分ける場合は、それぞれのカテゴリーで100社以上のデフォルトデータが必要になる。モデルを分ければ、業種や規模の違いによる特性を加味できるので精度の向上が期待できるものの、そのぶん必要な企業数も多くなる。

② **データ観測期間**

データ観測期間の設定も重要である。たとえば、１年後のデフォルト率を推計するモデルをつくる場合、財務の観測期間１年、デフォルト観測期間１年の最低でも２年分のデータが必要になる。景気変動を加味することも考えると、できれば10年分、最低でも３〜５年分のデータはほしいところである。

さらに、デフォルト後の回収率を推計するモデルをつくる場合は、**図表２－15**のように、より長い期間が必要になる。最終的な回収率が確定するのは、デフォルトしてから３年程度はかかる。案件によっては10年以上を要する場合もある。回収率を推計するモデルの場合は、最低でも５〜８年分のデータ観測期間が必要になる。

一方で、データ観測期間は長いほどよいというものでもない。長すぎると社会経済の構造が大きく変化するからだ。技術革新、法律の改正、人口動態などもデフォルトに影響を与えるため、これらも変数候補になってしまう。期間が長くなると変数候補が増えることが予想されるので、データ観測期間の設定は、対象企業の特性や利用目的などを踏まえて、よく検討する必要がある。

③ **データ使用期間**

何期分の決算書データを使用するかというデータ使用期間の設定も検討課題になる。前期比を変数に使用することを考えると、２期分が一般的である。ただ、この場合、業歴２年に満たない企業がモデル評価の対象から外れてしまう。長期のデータを使用すれば精度は上がるが、対象から外れる企業が増えるので注意が必要である。

図表 2 -15　回収率モデルのデータ期間（例）

X年度	X＋1年度	X＋2年度	X＋3年度	X＋4年度	X＋5年度	X＋6年度
融　資	デフォルト	デフォルト後回収累積1年	デフォルト後回収累積2年	デフォルト後回収累積3年		
	融　資	デフォルト	デフォルト後回収累積1年	デフォルト後回収累積2年	デフォルト後回収累積3年	
		融　資	デフォルト	デフォルト後回収累積1年	デフォルト後回収累積2年	デフォルト後回収累積3年

④　実態財務の取り扱い

　変数は、自己資本比率や流動比率などの財務指標が中心になる。財務データの良い点は三つある。「数値化されている」「客観性がある」「入手しやすい」の三つである。一方、課題としては中小企業の決算書は精度が低いということがある。上場企業は四半期ごとの決算で会計監査も行われるが、中小企業の決算は年1回が多く、会計監査を受けていない企業がほとんどである。そのため、売掛金に不良債権が含まれているなど、実態が正確に反映されていないケースも散見される。

　そこで、人的審査では、帳簿を確認したり、経営者の話を聞いたりして、実態に合わせて決算書を修正する実態財務分析をする。モデルに使用するデータは、実態財務の数値を用いることが理想であるが、修正後のデータは審査員のスキルに依存する。客観性が担保されないので、修正前のデータを使わざるを得ないのが現状である。

　期待されているのがクラウド会計の情報である。日々の取引の帳簿記録が把握できれば、モデルの精度向上に大きく貢献する。まだ普及が進んでいないが、普及すれば課題は一気に解消する。オープンAPIの普及とともに、

銀行口座や他の金融資産の情報などが入手できるようになれば、実態財務の把握は容易になる。

⑵　データクリーニング

　データには異常値や外れ値、欠損値などが含まれる。たとえば、無借金企業のため、支払利息対経常利益率（＝経常利益÷支払利息×100）の分母がゼロで異常値になったり、在庫を持たないビジネスモデルのため、棚卸資産回転率が欠損値になったりすることがある。

　これらのデータをそのまま使用するとモデルの精度を下げる可能性がある。モデルにデータを投入する前に、外れ値処理や欠損値補完などの修正を丁寧に行う必要がある。この修正作業をデータクリーニングという。

① **外れ値処理**

　図表2－16は外れ値処理の例である。アルファベットは企業名、数値は任意の財務変数である。実数をみると、企業Ｆの値が100となっており、他の企業の数値に比べて突出した値になっていることが分かる。これを異常値もしくは外れ値と呼ぶ。

図表2－16　外れ値処理の例

	A	B	C	D	E	F	平均
実数	20	32	18	38	33	**100**	40.2
方法1 除外処理	20	32	18	38	33	除外	28.2
方法2 Ｆ以外の最大値を充当	20	32	18	38	33	38	29.8

　外れ値処理の最も簡単な方法は外れ値や異常値を除外する方法である。方法1は企業Ｆを除外したケースである。除外した結果、平均値は40.2から28.2に下がっている。企業Ｆの外れ値の影響で、平均値が12.0ポイントも上がっていることが分かる。実数のままで使用すると、モデルの精度に何らかの影響を与える可能性があることが想像できよう。

外れ値処理は２段階で行う。まず、外れ値の基準を決める。一般的には、標準偏差や分位点を基準にする。たとえば、「データの上位５％点未満と95％点超の数値を外れ値とする」という方法である。この場合、外れ値が多くなるように設定すると、データのバラツキが小さくなるので安定する一方、情報量が減るというトレードオフが生じる。基準をどうするのか、よく検討する必要がある。

外れ値の基準を決めたら処理する方法を決める。方法１のように除外する方法のほか、方法２のように企業Ｆ以外の最大値、この表では企業Ｄの38を当てはめる方法もある。どの方法がベストな選択なのかは、サンプルの特性やモデルの利用目的などを勘案して選択する。

ブラックボックス型は外れ値の影響を受けると、オーバーフィッティング（過学習）する可能性が高くなるので、データクリーニングはとくに重要である。

② 対数変換

変数は対数変換して用いることが多い（変数 X を自然対数 $log_e X$ に変換する）。正規分布の近似や分散の減少といった効果が期待できるからである。

図表２−17の A は変換前で比例関係のモデル、B は変換後のモデルである。A は、X が増減した量に比例して Y が増減している。B は X の変化率

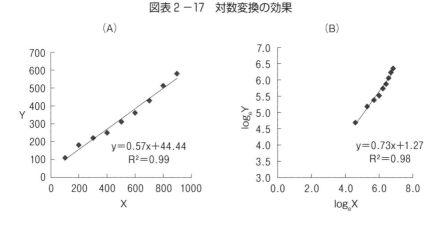

図表２−17　対数変換の効果

に対する Y の変化率となっている。つまり、Aは、X が1単位増えると、Y は0.57単位増える。Bは、X が1％増えると、Y は0.73％増える。Bは単位に依存しないので、X が1％増減したときに、Y が何％増減するかを示せる。各変数の係数の大小を比較できるというメリットがある。

ただ、変数のなかには、収益率のように、負の値をとるものも少なくない。負の値は対数変換できない。そこで、実務では、**図表2－18**のような負の対数変換（neglog 変換）がよく使われる。

図表2－18　neglog 変換

$$ngl(x) = \begin{cases} -log(1-x) & if\ x \leq 0 \\ +log(1+x) & if\ x > 0 \end{cases}$$

	A	B	C	D	E	
1						
2			収益率	対数変換	neglog 変換	
3		1	−5.6	#NUM!	−1.8871	=IF(C3<=0, −LN(1−C3), LN(1+C3))
4		2	2.4	0.8755	1.2238	
5		3	5.1	1.6292	1.8083	
6		4	−1.8	#NUM!	−1.0296	
7		5	2.2	0.7885	1.1632	

③　離　散　化

離散化とは連続した値を区分することである。たとえば、年齢を10歳ごとに区分したり、年収を100万円ごとに区分したりすることによってわずかな値の違いを緩和する効果がある。

【演習5】 データクリーニング

エクセルで実際にデータクリーニングしてみよう。データは演習1から演習4で使用したものと同じである。以下の手順で行う。

(1) 10%タイル点および90%タイル点で外れ値処理を行う。

10%未満の値は10%タイル点の値、90%超の値は90%タイル点の値に変換する。

(2) すべての数値を neglog 変換する。

企業名	デフォルト率（%）	自己資本比率（%）	外れ値処置（%）	neglog 変換
A	100	−31.2	−20.2	−3.054
B	100	−19.5	−19.5	−3.020
C	100	−17.7	−17.7	−2.928
D	100	−26.5	−20.2	−3.054
E	100	−15.9	−15.9	−2.827
F	100	8.3	8.3	2.230
G	100	10.2	10.2	2.415
H	100	5.4	5.4	1.856
I	100	8.1	8.1	2.208
J	100	13.6	13.6	2.681
K	0	20.6	20.6	3.072
L	0	29.3	29.3	3.411
M	0	13.5	13.5	2.674
N	0	11.0	11.0	2.484
O	0	18.8	18.8	2.985
P	0	22.8	22.8	3.169
Q	0	43.0	35.4	3.595
R	0	34.6	34.6	3.572
S	0	16.4	16.4	2.856
T	0	68.0	35.4	3.595

10%点	−20.2
90%点	35.4

【演習 6 】 ロジスティック回帰モデル ver.2の構築

　データクリーニングした値を用いて、ロジスティック回帰モデルを構築し、その精度を確認してみよう。手順は演習 3 、演習 4 と同じなので、ここでは結果とポイントのみを記載する。

	B	C	D	E	F	G	H
		係数					
3	定数項 (a)	22.291					
4	回帰係数 (β)	−8.698					
5							
6		Y＝デフォルト率(%)	Z	PD	1−PD	対数尤度	neglog (自己資本比率)
7	企業名		\$C\$3＋\$C\$4*H○	1/(1＋EXP(−D○))	1−E○	IF(E○＝0,0,(C○＝1)*LN(E○)＋(C○＝0)*LN(F○))	
8	A	100	48.855	1.000	0.000	0.000	−3.054
9	B	100	48.563	1.000	0.000	0.000	−3.020
10	C	100	47.764	1.000	0.000	0.000	−2.928
11	D	100	48.855	1.000	0.000	0.000	−3.054
12	E	100	46.883	1.000	0.000	0.000	−2.827
13	F	100	2.895	0.948	0.052	−0.054	2.230
14	G	100	1.278	0.782	0.218	−0.246	2.415
15	H	100	6.145	0.998	0.002	−0.002	1.856
16	I	100	3.084	0.956	0.044	−0.045	2.208
17	J	100	−1.028	0.263	0.737	−1.334	2.681
18	K	0	−4.435	0.012	0.988	−0.012	3.072
19	L	0	−7.379	0.001	0.999	−0.001	3.411
20	M	0	−0.969	0.275	0.725	−0.322	2.674
21	N	0	0.677	0.663	0.337	−1.088	2.484
22	O	0	−3.678	0.025	0.975	−0.025	2.985
23	P	0	−5.279	0.005	0.995	−0.005	3.169
24	Q	0	−8.984	0.000	1.000	0.000	3.595
25	R	0	−8.781	0.000	1.000	0.000	3.572
26	S	0	−2.554	0.072	0.928	−0.075	2.856
27	T	0	−8.984	0.000	1.000	0.000	3.595
28							

−3.208

データクリーニング前

企業名	デフォルト率 (%)	デフォルト確率 (%)	予測 (%)	結果
A	100	100.0	100	当たり
B	100	100.0	100	当たり
C	100	100.0	100	当たり
D	100	100.0	100	当たり
E	100	100.0	100	当たり
F	100	92.8	100	当たり
G	100	78.9	100	当たり
H	100	98.9	100	当たり
I	100	93.6	100	当たり
J	100	28.8	0	ハズレ
K	0	0.4	0	当たり
L	0	0.0	0	当たり
M	0	30.2	100	ハズレ
N	0	68.9	100	ハズレ
O	0	1.3	0	当たり
P	0	0.1	0	当たり
Q	0	0.0	0	当たり
R	0	0.0	0	当たり
S	0	6.1	0	当たり
T	0	0.0	0	当たり

精度
17
20

データクリーニング後

企業名	デフォルト率 (%)	デフォルト確率 (%)	予測 (%)	結果
A	100	100.0	100	当たり
B	100	100.0	100	当たり
C	100	100.0	100	当たり
D	100	100.0	100	当たり
E	100	100.0	100	当たり
F	100	94.8	100	当たり
G	100	78.2	100	当たり
H	100	99.8	100	当たり
I	100	95.6	100	当たり
J	100	26.3	0	ハズレ
K	0	1.2	0	当たり
L	0	0.1	0	当たり
M	0	27.5	0	当たり
N	0	66.3	100	ハズレ
O	0	2.5	0	当たり
P	0	0.5	0	当たり
Q	0	0.0	0	当たり
R	0	0.0	0	当たり
S	0	7.2	0	当たり
T	0	0.0	0	当たり

精度
18
20

　モデルの精度をデータクリーニングの前後で比較してみると、やや精度が改善していることが分かる。このようにうまくいくケースばかりではないが、データクリーニングによって精度が向上する可能性があることは、さまざまな研究で示されているほか、実務でも明らかになっている。

2.2.3 変数候補の絞り込み

　デフォルトと関係のありそうな変数候補のデータを収集したら、統計上の視点から変数候補をさらに絞り込む。**図表2−14**の①の段階においても、デフォルトとの相関をベースに変数候補を選択しているが、④の段階では条件をさらに厳しくし、経験則や理論との整合性も踏まえて、モデル構築のプログラムに投入する変数を絞り込むのである。

　プログラムに投入すれば、ステップワイズ法や総当たり法など指定したアルゴリズムに従って変数の組み合わせが選択される（機械学習）。選択された変数をさらにエキスパートジャッジメントして最終的な変数を確定する。

　ブラックボックス型のモデルについては、ここまで厳密な変数選択は必要ないとされているが、コンピューターの計算コストや結果の解釈性を高める観点から、可能な限り絞り込むことが望ましい。ブラックボックス型は、数千、数万種類の変数を用いる場合もあるので、④の段階の前にある程度変数を絞り込んでおくことも一法である。絞り込みのポイントは以下のとおりである。

① **相関係数の低い変数を除外する**

　各変数とデフォルトとの相関係数（▲1〜＋1）を算出し、**図表2−19**のように数値の高い順に並べ、相関の低い変数を候補から除外する。

表2−19　変数とデフォルトとの相関係数の順位（例）

順位	変数	相関係数
1	自己資本比率	▲0.85
2	当座比率	▲0.75
3	業歴	▲0.72
・		
・		
・		

順位	変数	相関係数
・		
・		
・		
98	○○比率	0.05
99	□□比率	0.03
100	△△比率	0.01

② **デフォルト企業と非デフォルト企業との差に着目する**

　財務指標とデフォルトとの関係を具体的にみてみよう。実際の自己資本比率とデフォルトとの関係をみると、**図表2－20**のように自己資本比率が低くなるほどデフォルト率が高くなっており、自己資本比率という財務指標がデフォルトと一定の相関があることが分かる。

図表2－20　自己資本比率とデフォルト率との関係

自己資本比率	債務超過	0〜5%	〜15%	〜30%	30%以上	全体
デフォルト率	1.59%	1.52%	1.10%	0.62%	0.39%	0.81%

資料：リスクモンスター『与信管理論』
　注：『与信管理論』では倒産確率と表記しているが、本書ではデフォルト率と読み
　　　換える（以下、同じ）。

　デフォルトした企業と生存企業の自己資本比率の分布を描くと**図表2－21**のようになる（イメージ）。デフォルト企業と生存企業とでは自己資本比率に差があり、比率が低いほどデフォルトしやすいことが分かる。

　変数選択にあたっては、相関係数を算出するだけではなく、すべての候補変数について、このような分布図を作成し、デフォルト企業と生存企業の分布の差がはっきりしている指標を選ぶことがポイントである。

図表2－21　デフォルト企業と生存企業の分布（イメージ）

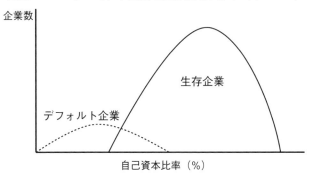

③　**類似変数を整理する**

　次に、類似している変数を抽出して整理する。具体的には、変数同士の相関係数を算出する相関マトリックスを作成して、相関が強い場合はどちらかの変数を選択する。たとえば、**図表2−22**をみると、当座比率と流動比率の相関係数は0.75と高い。両者はどちらも流動性を評価する指標なので理論とも整合的である。

　仮に、相関の強い変数を二つとも（この場合は、当座比率と流動比率）使用すると、多重共線性（マルチコ：Multicollinearity の略）という統計上やっかいな問題が生じ、モデルの安定性が損なわれる可能性がある（☞ p.99）。したがって、どちらかの変数に絞り込む必要がある。

　マルチコの有無を診断する指標として VIF（Variance Inflation Factor）がよく知られており、10以上の場合はマルチコが疑われる。ただ、10未満でも5以上あれば可能性はあるといわれているので、5以上の場合は実務との整合性や他の変数とのバランスをみながら調整することを検討する。

図表2−22　変数間の相関マトリックス（例）

	自己資本比率	当座比率	流動比率	・・・
自己資本比率	1	—	—	・・・
当座比率	0.35	1	—	・・・
流動比率	0.32	0.75	1	・・・
・ ・ ・	・ ・ ・	・ ・ ・	・ ・ ・	・ ・ ・

ブラックボックス型のモデルについては、できる限り精度を高くすることを目的としているので、マルチコをあまり意識しなくてもよいといわれているが、結果の解釈が重要な審査モデルにおいては、ある程度は意識しておく必要がある。

Memo　多重共線性（マルチコ）

　ホワイトボックス型の回帰モデルは、説明変数が多ければ多いほど当てはまりがよくなるという性質がある。ただ、精度を上げるために、たくさんの変数を採用すると、多重共線性（マルチコ）が発生しやすくなる。

　マルチコとは、説明変数間の相関係数が高いために、①回帰係数の値が当てにならない、②精度が実際よりも大きな値となる、③係数の符号が逆になるといった結果が生じる現象のことである。

　たとえば、流動比率と当座比率は相関係数が高いので、二つとも説明変数に採用するとマルチコが発生する可能性が高い。モデルを正しく推計することが困難になるおそれがあるため、流動比率か、当座比率のどちらかに変数を絞る必要がある。

　ブラックボックス型は解釈性よりも判別力（≒AR値）を上げることを最優先するので、多種類の変数を使用する。そのため、理論と合わない変数が採用されたり、変数の符号が理論に合わなかったり（③）することが生じやすいことには注意を要する。①と②については問題が少ないといわれているが、理由はよく分かっていない。

④　変数の数を適正化する

　説明変数の数と精度のバランスも検討が必要である。説明変数の数を増やせば増やすほど精度は上がるが、時間の経過とともに精度が急激に下がるという、いわゆるオーバーフィッティング（過学習）に伴う経年劣化（☞ p.81、p.107）の問題が生じやすくなる。

　実務で利用するには、デフォルトと変数との関係は時系列的に安定していることが望ましい。精度を下げずに、できる限り少ない変数で構成するには、デフォルトと相関が強い一方で、他の変数との相関が弱い変数を抽出す

ることがポイントになる。

　繰り返すが、ブラックボックス型も計算コストを考えるとできる限り変数の数は少ない方がよい。ブラックボックス型においても変数選択が重要なプロセスであることに変わりはない。

2.2.4　モデル構築

　変数を絞り込んだら、あとは統計ソフトやプログラムに変数を投入すれば、指定したアルゴリズムに従って適切な変数を最終選択し、モデルが出来上がる。モデルが出来たら、さまざまな角度から検証を行い、オーバーフィッティングや解釈性、説明性の観点から問題点があれば修正して再びソフトに投入してモデルをつくり、再び検証する。この作業を地道に繰り返しながら、モデルの精度を少しずつ上げていく。どこに問題があり、どのような修正を加えるべきなのかは、統計学や金融工学の専門知識もさることながら、経験と勘という目利き力も求められる。

　構築するモデルは一つとは限らない。通常は規模や業種ごとに複数のモデルをつくる。たとえば、小規模な企業と中規模な企業とを比較すると、小規模な企業の方が経営者の個人資産額や経営能力の影響を受けやすいことが知られている。売上高や従業員数といった企業規模別にモデルを分けることはよく行われている。

　業種についても、商業簿記と工業簿記があるように、卸・小売業と製造業とでは決算書の構造が異なるため、財務比率も異なる。そのため、業種ごとにモデルを構築することが一般的である。ただ、業種をどの程度の大きさの区分（大分類、中分類、小分類など）で分けるのかの判断が難しい。

　区分を細かくすれば業種特性を反映しやすくなり、単一のモデルよりも予測精度は5〜10%程度向上するといわれている。ただ、区分が細かいとデータ数が減るので、モデルの精度は逆に低下する。このようなトレードオフを踏まえて、どの程度までモデルを分けるのかを決めなければならない。

2.2.5 信用格付けの決定

AI 審査モデルで算出した信用スコアは、格付けという形で活用されることが多い。格付けは、企業の信用力をいくつかのレベルに分けてランキングしたものである。格付けというと S&P や Moody's といった欧米の格付け機関が行う「AAA」や「A1」といったレーティングが有名である。

銀行の資産査定で使う「正常先」「要注意先」「破綻懸念先」「実質破綻先」「破綻先」という債務者区分も格付けの一つである。銀行では、**図表 2－23** のように、モデルのスコアやデフォルト確率をもとに債務者区分をさらに細かく格付けして信用リスク管理を行っている。

格付けは客観性が重視される。担当者によって評価が異なったり、同じ担当者であっても日によって評価が変わったりするようでは格付けとはいえない。人的評価のみで客観的に格付けすることは困難である。

その点、モデルはデフォルトの可能性をスコアやデフォルト確率で表現でき、誰が評価しても同じ格付けになるので、客観性がある。統計手法がベースになっており、格付けとの合理性も確保されている。

図表 2－23　格付けの例

信用スコア	格付け	債務者区分	PD
100〜91	AAA	正常先	0.25%
90〜81	AA		0.50%
80〜71	A		0.75%
70〜61	BBB		1.00%
60〜51	BB		1.25%
50〜41	B		1.50%
40〜31	CCC	要注意先	1.75%
30以下	CC		2.00%
	C	破綻懸念先	
	D	実質破綻先	
	E	破綻先	

とはいえ、これまで解説してきたように、普及しているホワイトボックス型モデルは定量情報がメインになっている。定性情報やモデルでは評価できない個別性や特殊性などは加味されないという課題がある。そこで、**図表2-24**のように財務変数を中心にしたモデルのスコアで一次格付け（財務格付けと呼ぶ場合もある）を行い、さらに人の判断による定性評価を加味して、最終的な二次格付け（信用格付け）を決定するという流れが一般的になっている。

　実態財務や定性評価によって一次格付けを上げたり下げたりすることをノッチ調整という。原則的に「2期連続赤字なら1ノッチ下げる」など何らかのルールを設けて合理性を確保することが求められる。スコアリングシートを使うケースもあるが、恣意性を完全に排除することは難しい。

　定量評価をモデルで行った後に、定性評価を加えるという方法は審査の流れとも一致し、合理的なプロセスといえる。格付けは信用リスク管理のほか、審査の効率化、金利の設定などにも利用されている。ただ、業務効率化と客観性確保の観点から、本来はAI審査モデルのみで格付けすることが理想である。**図表2-24**の左図が中心になり、右図のノッチ調整の余地は少なくなるようにモデルの精度向上を図ることが今後の課題である。

図表2-24　格付けの手順

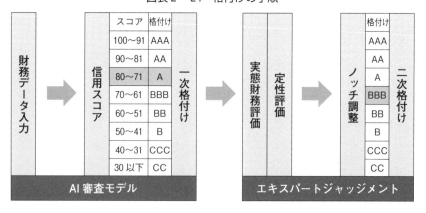

スコアから一次格付けを決める方法

　方法は主に二つある。一つは、Point-In-Time（PIT）、もう一つは、Through-The-Cycle（TTC）と呼ばれる方法である。

① 　Point-In-Time（PIT）

　格付けの数を決めて、閾値となるスコアを固定する方法である。たとえば、スコアが0〜100点であるとすると、格付けを10格にする場合、10点ごとに格付けの閾値を決めるのである。90点超100点以下なら「AAA」、80点超90点以下なら「AA」、70点超80点以下なら「A」という具合になる。

　PITは**図表2−25**のように景気が悪化すると、融資先企業のスコアの平均が下がるので、格付けの低い企業の割合が増える。仮に、要注意先の基準を31点以上40点以下に設定した場合、景気悪化によって要注意先が増えることになる。

図表2−25　PITのイメージ

スコア	格付け	構成比	PD
100〜91	AAA	16.0%	0.25%
90〜81	AA	15.0%	0.50%
80〜71	A	14.0%	0.75%
70〜61	BBB	13.0%	1.00%
60〜51	BB	13.0%	1.25%
50〜41	B	11.0%	1.50%
40〜31	CCC	9.5%	1.75%
30以下	CC	8.5%	2.00%

景気悪化 →

スコア	格付け	構成比	PD
100〜91	AAA	7.5%	0.25%
90〜81	AA	8.5%	0.50%
80〜71	A	9.5%	0.75%
70〜61	BBB	10.5%	1.00%
60〜51	BB	11.0%	1.25%
50〜41	B	15.0%	1.50%
40〜31	CCC	18.0%	1.75%
30以下	CC	20.0%	2.00%

② 　Through-The-Cycle（TTC）

　もう一つは、格付けごとの企業数を同じにする方法である。具体的には、すべての企業を点数順に並べて、各格付けの企業数が均等になるように分割する。格付けを5つにする場合、5つの格付けグループができる。それぞれのグループの最低スコアを閾値とする方法である。

　TTCは**図表2−26**のように、景気悪化によって企業のスコアが低下しても、各格付けの閾値となるスコアも見直されて下がるので、格付けの構成比は変わらない。要注意先が増えることはないが、そのぶん、デフォルト率が上昇することになる。つまり、景気が良いときは「A」のデフォルト確率が0.75%

図表 2 −26　TTC のイメージ

スコア	格付け	構成比	PD
100〜86	AAA	12.5%	0.25%
85〜77	AA	12.5%	0.50%
76〜71	A	12.5%	0.75%
70〜66	BBB	12.5%	1.00%
65〜59	BB	12.5%	1.25%
58〜44	B	12.5%	1.50%
43〜31	CCC	12.5%	1.75%
30以下	CC	12.5%	2.00%

景気悪化 →

スコア	格付け	構成比	PD
100〜79	AAA	12.5%	0.50%
78〜69	AA	12.5%	1.00%
68〜63	A	12.5%	1.50%
62〜58	BBB	12.5%	2.00%
57〜51	BB	12.5%	2.50%
50〜39	B	12.5%	3.00%
38〜31	CCC	12.5%	3.50%
30以下	CC	12.5%	4.00%

でも、悪化すると1.50%になるという事象が発生する。

　両者の違いは景気変動の影響をどう考えるかという点である。どちらが良いというわけではないが、実務では大きな視点でみれば後者を採用しているケースが多いようである。もっとも、閾値となるスコアをリアルタイムで見直すことは難しいので、最初は TTC で決めていても、時間の経過とともに PIT に近い状況になっているのが実態である。

Memo　格付け推移（遷移）行列

　格付けは主に決算のたびに変更される。たとえば、格付け AAA だった企業が、決算後に格付け AA に格下げされたり、BB だった企業が A に格上げされたりする。このような前期末の格付けの企業が当期末にどの格付けに動いたのかを示した表が**図表 2 −27**のような格付け推移行列である。

　たとえば、前期末に AA だった企業のうち、当期末も AA だった企業は35.4%（この割合を推移率または遷移率という）、AAA に格上げされた企業は26.5%、A に格下げされた企業は18.8%であったということを示している。

　図表 2 −27のように、1年後の格付け構成比を推計し、格付けごとの1年後の融資残高（EAD）と PD を使えば、1年後の EL（☞ p.133）を推計することができる。

　さらに、図 2 −28のように1年間の各格付けへの推移率を複数年展開することによって、2年以上先の格付け構成比を推計することができる（**図表 2 −28**では遷移率を%ではなく数値で表記）。そうすれば、数年間の EL を推計す

		当期末									デフォルト
		AAA	AA	A	BBB	BB	B	CCC	CC	C	
前期末	AAA	46.2%	32.2%	12.3%	5.1%	2.2%	1.3%	0.4%	0.2%	0.1%	0.3%
	AA	26.5%	35.4%	18.8%	8.9%	5.4%	2.1%	1.5%	0.8%	0.6%	0.5%
	A	10.5%	18.0%	32.5%	19.4%	8.2%	6.3%	2.1%	1.8%	1.2%	0.8%
	BBB	2.3%	8.4%	21.4%	28.7%	15.3%	10.7%	8.5%	2.6%	2.1%	1.0%
	BB	0.5%	2.1%	10.3%	18.2%	25.4%	20.3%	12.1%	8.5%	2.6%	1.3%
	B	0.3%	3.2%	5.4%	15.7%	20.1%	23.1%	18.2%	10.4%	3.6%	1.5%
	CCC	0.1%	1.3%	5.2%	11.5%	16.3%	18.4%	22.4%	19.2%	5.6%	1.8%
	CC	0.0%	0.0%	1.1%	3.2%	5.6%	15.5%	25.9%	39.1%	9.6%	2.0%
	C	0.0%	0.0%	0.0%	0.0%	1.1%	10.1%	32.1%	46.5%	10.2%	2.3%
		86.4%	100.6%	107.0%	110.7%	99.6%	107.8%	123.2%	129.1%	35.6%	900.0%

ることが可能になる。銀行の財務シミュレーションや管理会計によく用いられている。

　ケース1を例に解説する。ここでは説明を簡略化するために、期首のA、B、Cの企業数が同じ「1.0」社で、どの区分からも回収や償却（オフ・バランス）が発生せず、新規貸付けもないと仮定する。

　期首（前期）A格の企業のうち、0.7社（企業数1.0の70%）がA格にとどまり、B格の0.1社（10%）がA格に格上げ、C格の0.1社（10%）がA格に格上げした結果、当期のA格の企業数は0.9社になっている。

　次に前期B格の企業の0.8社（企業数1.0の80%）がB格にとどまり、A格の0.2社（20%）がB格に格下げになり、C格の0.3社（30%）がB格に格上げした結果、当期のB格の企業数は1.3社に増えている。

　このように計算すると、当期の格付け別企業数は、A格は0.9社、B格は1.3社、C格は0.8社になったことが分かる。この情報を使って、来年の格付け構成を推定する。当期A格の企業のうち、来期もA格にとどまる企業数は、A格の企業数0.9社にA格の企業が次の期もA格にとどまる推移率70%を乗じた0.63社と計算できる。このような計算を繰り返せば、数年後の格付け構成比を推定することができる。

図表２－28　長期の与信ポートフォリオ推計

【ケース１】ポートフォリオ悪化

当期

前期	A	B	C	
A	0.70	0.20	0.10	1.00
B	0.10	0.80	0.10	1.00
C	0.10	0.30	0.60	1.00
	0.90	1.30	0.80	3.00

＝0.90×0.70

1年後

	A	B	C	
A	0.63	0.18	0.09	0.90
B	0.13	1.04	0.13	1.30
C	0.08	0.24	0.48	0.80
	0.84	1.46	0.70	3.00

＝1.30×0.10　　＝0.80×0.10

2年後

	A	B	C	
A	0.59	0.17	0.08	0.84
B	0.15	1.17	0.15	1.46
C	0.07	0.21	0.42	0.70
	0.80	1.55	0.65	3.00

＝0.84×0.70　　＝1.46×0.10　　＝0.84×0.20

【ケース２】ポートフォリオ良化

当期

前期	A	B	C	
A	0.80	0.10	0.10	1.00
B	0.20	0.70	0.10	1.00
C	0.10	0.30	0.60	1.00
	1.10	1.10	0.80	3.00

1年後

	A	B	C	
A	0.88	0.11	0.11	1.10
B	0.22	0.77	0.11	1.10
C	0.08	0.24	0.48	0.80
	1.18	1.12	0.70	3.00

2年後

	A	B	C	
A	0.94	0.12	0.12	1.18
B	0.22	0.78	0.11	1.12
C	0.07	0.21	0.42	0.70
	1.24	1.11	0.65	3.00

2.3　モデルの評価・検証方法

　AI審査モデルの精度はどのように評価すればよいのであろうか。デフォルトは、個々の企業の業績だけではなく、景気や法改正、技術革新といった環境変化の影響も受けるので、さまざまな角度から評価し、検証する必要がある。

　たとえば、中小企業金融円滑化法によってデフォルトが抑制されたり、

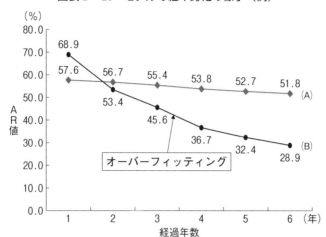

図表 2 −29　モデルの経年劣化の様子（例）

ネット通販の急速な普及によって既存の小売店のデフォルトが増えたりすれば、モデルを作ったときと環境が異なるので、精度は低下するだろう。

　目にみえるような大きな変化ではなくても、企業を取り巻く環境は日々少しずつ変化している。**図表 2 −29**の(A)線はあるモデルの AR 値が年々低下している様子を示したものである。AR 値はモデルの精度を表す代表的な指標で、100％に近いほどよい。図表の(B)線をみると、 1 年目は70％近くあった値が徐々に低下し、 5 年後には28.9％と大幅に精度が落ちており、オーバーフィッティングの可能性がある。

　外部環境だけではなく、銀行の経営戦略の変更がモデルの精度に影響することもある。たとえば、地方の銀行が首都圏の企業に対する融資を増やしたことにより、与信ポートフォリオの地域構成や業種構成が変われば、モデルの構築時と運用時の前提が異なってくるので、精度が低下する可能性がある。

　このように時間の経過とともに、外部環境や内部環境が変わってくると、モデルの精度は低下する傾向がある。ネコの画像をネコと判断したり、英語を日本語に翻訳したりする場合は、時間の経過とともに精度が下がるという現象は起きにくい。むしろ、データが蓄積されればされるほど学習するので、精度が上がる。

AI審査モデルは、この点が難しい。モデルをつくったら、それで終わりではなく、定期的にモデルを検証し、見直しながら運用する必要がある。モデル精度の評価や検証はとても大切であり、主に序列性と一致性という二つの観点から行う。評価方法もさまざまな研究がされている。主な評価手法を以下で解説する。

2.3.1　序列性の検証（AR 値）

序列性とは、格付けが低くなるほどデフォルト率が高くなっているかどうかを確認するものである。モデルは企業の信用力を相対的に評価するツールなので、序列性は最も重要な指標である。

図表 2 −30をみてほしい。横軸の格付けが AAA → C に低下するに従って、縦軸のデフォルト率が上昇している。しかも、上位の格付けのデフォルト率が下位の格付けのデフォルト率を上回っているケースがない。このような場合は大きな問題はないと判断できる。

理想的な形状は、点線のように横軸に対して凸型になっていて、格付けが低くなるほど、急激にデフォルト率が高くなっている状態である。モデルをつくるときには、このような形状を目指して試行錯誤する。

一方、**図表 2 −31**は序列性に問題があるケースである。上位の格付けよりも下位の格付けのデフォルト率が低くなっている部分があり、格付けが低くなるほどデフォルト率が高くなるという序列性が乱れている。モデルが企業の信用力を相対的に評価できていない証拠なので、このような状態を検出した場合は、モデルの見直しを検討しなければならない。

グラフだけでは、どれくらい序列性があるのかという程度問題が分からない。そこで序列性の程度を示す代表的な指標として AR 値（Accuracy Ratio）がある。モデルの精度を示す代表的な指標として普及している指標であるが、見方には注意が必要である。そこで、AR 値については、丁寧に解説する。

AR 値は所得の集中度や不平等度を測るジニ係数の考え方を応用したもので、推計されたデフォルト確率をもとにしたスコアを序列性の尺度とし、モデルの精度を評価する。評価方法を具体的にみてみよう。

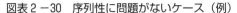

図表 2 −30　序列性に問題がないケース（例）

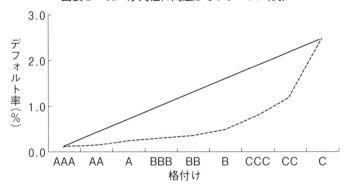

図 2 −31　序列性に問題があるケース（例）

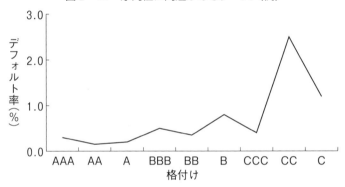

　図表 2 −32は、20社のスコアを得点の低い順番に並べ、 1 年後の状態を示したものである。デフォルト数は 3 社である。理想はモデル A のように、得点の低い 3 社の企業がデフォルトすることである。モデルが完璧な精度をもっていれば、このようになるはずである。この場合の AR 値は100％になる。

　一方、モデル B は 3 社デフォルトしているが、項番 2 から項番 4 の企業よりもスコアの高い項番 5 の企業がデフォルトしている。さらに、項番 6 と項番 7 の企業よりもスコアの高い項番 8 の企業がデフォルトしている。モデル A に比べて、序列性が乱れていることが分かる。

図表2−32　モデルの得点とデフォルト

[モデルA]

項番	スコア	デフォルトの有無
1	2	1
2	4	1
3	11	1
4	21	0
5	27	0
6	34	0
7	39	0
8	39	0
9	42	0
10	47	0
11	49	0
12	52	0
13	55	0
14	65	0
15	67	0
16	76	0
17	81	0
18	86	0
19	89	0
20	99	0

[モデルB]

項番	スコア	デフォルトの有無
1	2	1
2	4	0
3	11	0
4	21	0
5	27	1
6	34	0
7	39	0
8	39	1
9	42	0
10	47	0
11	49	0
12	52	0
13	55	0
14	65	0
15	67	0
16	76	0
17	81	0
18	86	0
19	89	0
20	99	0

　それでは、**図表2−32**のモデルBのAR値はいくつになるのだろうか。**図表2−33**をみてほしい。縦軸は累積デフォルト企業数で、デフォルト企業数が3社なので最大値は「3」である。横軸はスコアの低い順に1から20の企業の項番を示している。スコアの低い順番に企業を並べているので、項番が多くなるほどスコアが高くなっている。

　次に、**図表2−32**のモデルBについてみてみよう。0からスタートすると、項番1の企業は、デフォルトしているので上に進み、①にプロットされる。項番2の企業はデフォルトしていないので横に進み、②にプロットされ

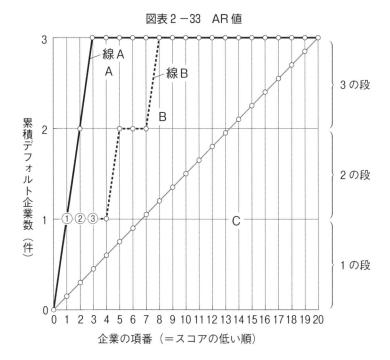

図表 2 －33 AR 値

縦軸: 累積デフォルト企業数 （件）
横軸: 企業の項番 （＝スコアの低い順）

3 の段
2 の段
1 の段

線A
A
線B
B
C

る。項番3の企業もデフォルトしていないので横に進み、③にプロットされ
る。このようにして項番20までプロットした線がBである。

　一方で、理想的なモデルAは、項番1～3まで連続でデフォルトしてい
るので、一気に3まで上に進み、項番4以降はデフォルトしていないので、
20まで横に進んで線Aとなる。線Aは完璧なモデルを示し、対角線はデ
フォルトがランダムに発生する状況に対応し、モデルで推定されたデフォル
ト確率の大きさと実際のデフォルトがまったく関係ない場合を示している。
AR値は、線Aと対角線で囲まれた面積に対する線Bと対角線で囲まれた
面積の比率である。

$$\text{AR 値} = \frac{(\text{対角線と線 B で囲まれた面積})}{(\text{対角線と線 A で囲まれた面積})}$$

したがって、精度の高いモデルは線Aに近い線を描き、100％に近い値を

とることになる。

　ちなみに、AとBの面積を計算すると**図表2-34**のようになる。AR値は、17.5÷25.5＝68.6％である。ここでは分かりやすさを重視して簡便な算出方法を示したが、AR値の算出方法はほかにもあるので、詳細を知りたい読者は、山下・三浦（2011）などを参考にしてほしい。

図表2-34　AR値の計算

	A	B
1の段の長方形の部分の面積	20−1＝19	20−1＝19
2の段の長方形の部分の面積	20−2＝18	20−5＝15
3の段の長方形の部分の面積	20−3＝17	20−8＝12
各段の左側の三角形の部分の面積	0.5×3＝1.5	0.5×3＝1.5
合計	55.5	47.5
右下半分の面積（C）の控除	55.5−30＝25.5	47.5−30＝17.5

　AR値は100％に近いほど良いと評価されるが、見方には注意が必要である。AR値が同じでも、デフォルトの定義やデータの計測期間、情報の鮮度などによって値が変わるからである。AR値には絶対的な基準値はない。70％以上なら精度が高いとか、30％以下なら低いといった評価はできないということである。

　たとえば、同じタイプのモデルでもデータ数が多いほど値は良くなるし、データ計測期間（決算や融資の時点からデフォルトを観測するまでの期間）が長いほど値は低くなる傾向がある。AR値は相対的な指標なので、XモデルとYモデルのどちらの精度が高いかという比較をする場合には、デフォルトの定義や観測期間の長さなど計測時の条件やデータを一致させる必要がある。

　以上のことを踏まえたうえで、それでもおおよその水準を示すと、大企業を対象にしたMoody'sやS&Pといった格付け機関の格付けモデルのAR値は80％前後、中小企業が主な対象であるRDB（日本リスク・データ・バンク）のデータを使った柳澤ら（2007）の研究では62～71.7％、小規模企業を対象にした梻々木・尾木・戸城（2010）の研究では35～47％となっている。

2.3.2 PD の一致性の検証

　序列性と並んで重要な検証は PD の一致性である。モデルで推計したデフォルト確率と実際のデフォルト率との差を検証するものである。**図表2－35**の例をみると、格付けが低いほどデフォルト率が高くなるという序列性は確保されている。ただ、どの格付けにおいても、インサンプルデータを使ってモデルで推定したデフォルト確率よりも、実際のデータ（アウトオブサンプル）を使ったデフォルト率の方が高くなっており、推計値が過小評価となっていることが分かる。

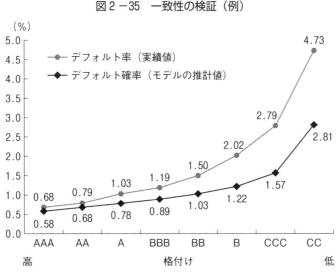

図2－35　一致性の検証（例）

　この差が大きいと、収益に直接影響する可能性がある。たとえば、この推計値を使って金利の設定を行うと、デフォルトによる損失を金利で賄えなくなるので、推計値と実績値が乖離しないように何らかの修正が必要になる。

推計値と実績値が乖離する要因の大半は景気変動である。**図表 2 −36**は筆者らが作成したモデルを使ってリーマンショック前の一致性の動きをみたものである。サブプライムローン問題が顕在化した2007年ごろから乖離が大きくなっていることが分かる。一致性を改善するには景気変動をモデルに考慮することが有効である。

図表 2 −36　景気変動の影響（例）

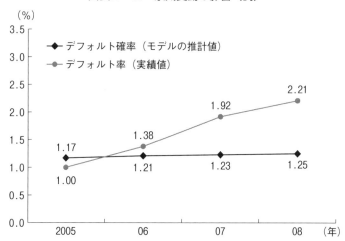

Memo　データの質とモデルの精度

　モデルを検証していると、モデルを改定したわけでもないのに AR 値や一致性が上昇することがある。要因は、データの質の向上にあると考えられる。

　GIGO（Garbage In, Garbage Out）という言葉がある。不正確なデータを入力すれば，不正確な結果が出力されるという意味である。モデルの精度はデータの質にも依存するということである。

　データの保存容量の増大や信用情報の共用化など、IT の進展によってデータの質・量ともに向上している。データの正確性が高くなった結果、モデルの精度も高くなっている。最近の AI 審査モデルの精度向上は、モデルの性能だけではなく、データの質の向上も大きく貢献している。

　モデルの一致性がどの程度なのかを評価する指標は、ブライアスコア、尤度比、KS 値、ダイバージェンスなどさまざまある。ここではブライア（Brier）スコアについて解説する。ブライアスコアは以下の式で計算する。N は企業数、p_i は個別企業のデフォルト確率、$\mathbf{1}_i$ はデフォルトなら「1」、デフォルトしていなければ「0」となる指示関数である。

$$\text{ブライアスコア} = \frac{1}{N} \sum_{i=1}^{N} (p_i - \mathbf{1}_i)^2$$

　たとえば、デフォルト確率が90％の企業がデフォルトすると、（0.9−1＝−0.1）の2乗で0.01となる。一方、デフォルトしないと、（0.9−0＝0.9）の2乗で0.81となる。つまり、デフォルト確率が高いと予想される企業がデフォルトすればスコアは小さくなり、予想に反してデフォルトしないとスコアが大きくなる。推計値と実績値の乖離幅を合計したものになる。

　したがって、ブライアスコアは0に近いほど一致性が高いと評価できる。もっとも、デフォルト率の水準が低いほどスコアが良くなる傾向にあるので、スコアの改善がモデルによるものなのか、デフォルト率の低下によるものなのか判定が難しいという短所がある。

　モデルの評価指標はさまざまあるが、万能な指標はない。それぞれメリットとデメリットがあるので、モデルの利用目的に合わせて最も有効な指標を選択し、できれば複数の指標を使って複眼的に検証することが有用である。モデルの評価方法や評価指標の詳細については山下・三浦（2011）に詳しく記述されているので、参考にしていただきたい。

2.3.3 インサンプルテストとアウトオブサンプルテスト

　検証に用いるデータの違いによって、インサンプルテストとアウトオブサンプルテストという二つの検証方法がある。インサンプルテストとは、モデルを開発するときに使用したデフォルトの有無も含めた既知のデータでモデルの精度を検証する方法である。アウトオブサンプルテストとは、モデルを開発したときとは異なる未知のデータ（＝アウトオブサンプル）を用いて検証する方法である。たとえば、t年のデータを使って開発したモデルの精度を、$t+1$年のデータを用いて検証するテストである。

　したがって、モデルを開発し、実務で運用する前の事前検証はインサンプルテスト、実務で使用した後の事後検証はアウトオブサンプルテストになる。

　注意すべきは、インサンプルテストの評価である。開発用データと検証用データが同一なので、実務で運用するときよりも良い結果になる傾向がある。運用時の精度がインサンプルテストの結果よりも低くなり過ぎると実務への影響が出てくる。できれば開発時にアウトオブサンプルテストを行っておきたい。

　ただ、t年に開発する時に$t+1$年のデータは存在しない。そこで、実務ではホールドアウト検証やk－分割交差検証（クロスバリデーション）がよく用いられる。いずれの方法も事前評価で用いられるアウトオブサンプルテストといわれている。

　ホールドアウト検証は、全データの何割か（たとえば9割）をランダム（無作為）に抽出して、それをインサンプル（訓練データ）としてモデルを構築し、残りの1割のデータをアウトオブサンプル（テストデータ）としてモデルの精度を検証する。できれば、これを複数回行って評価することが望ましい。

　k－分割交差検証は、全体のデータを何分割か（たとえば10分割）して1つのグループをアウトオブサンプル（テストデータ）として残しておき、残りのデータを使ってモデルを構築して検証を行う。何分割するかは任意である。この作業をすべて（10分割なら10回）行い、変数と係数の安定性を検証するのである。**図表2－37**は10分割のk－分割交差検証（クロスバリデーショ

ン）のケースを示したものである。

図表 2 −37　クロスバリデーションの例

サンプル No.		1	2	3	…	8	9	10	AR 値平均
AR値	インサンプル	68.1%	67.4%	68.0%	…	66.8%	68.0%	67.4%	67.5%
	アウトオブサンプル	63.6%	66.9%	64.4%	…	69.5%	64.1%	66.9%	66.5%
サンプル No.		1	2	3	…	8	9	10	変数有意性率
変数	自己資本比率	○	○	○	…	○	○	○	100.0%
	流動比率	○	○	×	…	○	○	○	90.0%
	固定比率	○	×	○	…	×	○	×	40.0%
	⋮	⋮	⋮	⋮	…	⋮	⋮	⋮	⋮
	総資本経常利益率	×	○	○	…	○	×	○	80.0%
	受取債権回転期間	○	×	○	…	○	○	○	90.0%

　図表 2 −37において、インサンプルとはモデル構築時に使用したデータ（全体の 9 割）を使った検証結果、アウトオブサンプルとは構築時に使用しなかったデータ（全体の 1 割）で検証した結果である。10回の作業の AR 値の平均を比べるとその差はあまり大きくないので、実務で使用を始めても問題はなさそうであると解釈できる。また、変数の有意性をみると、固定比率を除いて、ほとんどの変数がサンプルを変えても選択されているので、変数の安定性が確認できる。

　手間暇はかかるが、実務での利用を考えるとホールドアウト検証やクロスバリデーションで未知のデータに対する頑健性を事前に検証しておくことが望ましい。もちろん、アウトオブサンプルとはいうものの、同一時期のデータなのでインサンプルに近く、時間経過に伴う影響は検証できないことに注意が必要である。

　もっとも、実際にホールドアウト検証やクロスバリデーションの結果と未知のデータを用いたアウトオブサンプルテストの結果に大きな差が生じないことが多いので、頑健性の検証に有効な手法として実務ではよく使われている。

2.3.4　正解率、適合率、再現率、F値

アウトオブサンプルテストの評価指標として最も単純かつよく使用されているのは、正解率である。予測と実績の組み合わせは**図表2−38**の4つである。

図表2−38　予測と実績の組み合わせ

		予測	
		デフォルト	生存
実績	デフォルト	真陽性	偽陽性
	生存	偽陰性	真陰性

たとえば、PDが30％以上をデフォルトと定義した2.1の演習2（☞ p.60）の例では、予測が当たっているのは「真陽性」と「真陰性」の2つである。そこで、

$$正解率＝\frac{真陽性のデータ数＋真陰性のデータ数}{全データ数}$$

を計算すれば、モデルの正解率が分かるという指標である。

　ただ、デフォルトの有無を判別するAI審査モデルの精度評価に用いるには注意が必要である。そもそもデフォルトは頻繁に発生する事象ではない。デフォルト率が1％以下の銀行もある。仮に、モデルがすべてデフォルトしないと予測した場合、デフォルトに対する判別力を有していないにも関わらず、正解率は99％と高い数値を示してしまう。デフォルトの判別力を評価する場合、陽性（デフォルト）と予測した企業のうち、何割が実際にデフォルトしたのかを評価すべきである。このような評価を適合率という。

$$適合率＝\frac{真陽性のデータ数}{陽性と予測したデータ数（真陽性＋偽陰性）}$$

　また、実際にデフォルト（陽性）だった企業のうち、何割がデフォルトと

予測していたのかを評価する指標もある。これを再現率という。

$$再現率＝\frac{真陽性のデータ数}{実際に陽性だったデータ数（真陽性＋偽陽性）}$$

　さらに、適合率と再現率のバランスを評価するF値（F measure）もある。複数の評価指標を用いて多角的に検証してほしい。

$$F値＝\frac{2×適合率×再現率}{適合率＋再現率}$$

2.3.5　複数モデルの比較検証

　AI審査モデルを独自に開発できるほどのデータを保有している銀行は少数派であろう。そのため、大半は外部のデータを使って、業者（フィンテック企業や信用情報機関、コンサルタント会社など）が構築したモデルを購入していると考えられる。独自にモデルを開発している銀行でも、外部の市販モデルと併用するケースが多い。そこで、本項では自社モデルと市販モデルの特徴とメリット、デメリットを整理するとともに、複数モデルの比較検証の方法について解説する。

①　自社モデル

　自社のデータを使用してオーダーメードしているので、取引先の特徴を反映しやすく、市販モデルに比べて予測精度は一般的に高いとされている。経営戦略やポートフォリオの変化など独自の事情に応じて、柔軟にカスタマイズできるというメリットもある。

　ただし、開発やメンテナンスなどは自社で行う必要があるので、専門知識をもった人材を育成しなければならない。外部の専門家に開発を依頼する場合でも、専門家とコミュニケーションできるだけの専門知識をもった内部の人材を育成することが求められる。

②　市販モデル

　他社のデータを使用しているので、自社の取引先の特徴を反映しにくく、

自社モデルに比べて精度が劣ることは否めない。自社の都合でカスタマイズすることも難しい。

　一方で、モデルの開発やメンテナンスの負担が軽く、自社の取引先とは異なるタイプの企業を評価する場合は、自社モデルよりも精度が高くなる可能性もある。ただ、精度や使い勝手を考えると、自社モデルの方がメリットは多い。

　以上のようなメリット、デメリットを踏まえたうえで、自社モデルを開発するか、市販モデルを導入するかを検討する。実務では、自社モデルも含めて複数のモデルを使用することが多い。この場合は、二つのモデルの評価結果に大きな乖離があるかどうかをみることで、モデルの精度や特徴を検証することができる。

　図表2－39のように、両モデルの推計結果が対角線上付近にある場合はモデルが類似しているということである。自社モデルの検証に用いる場合は、このような状況であることが望ましい。

　推計結果が対角線上付近にない場合は、両モデルが異なる特徴を有しているか、どちらかのモデルに何らかの問題が生じている可能性もある。サンプルの業種構成や規模の構成に違いはないか、変数に大きなズレがないかどう

図表2－39　自社モデルと市販モデルの比較検証（例）

		自社モデル								
		AAA	AA	A	BBB	BB	B	CCC	CC	C
市販モデル	AAA	325	232	24	2	0	0	0	0	0
	AA	216	384	185	35	0	0	0	0	0
	A	25	265	455	268	36	0	1	0	0
	BBB	0	12	325	624	382	68	0	0	0
	BB	0	0	25	65	395	189	28	0	0
	B	0	0	0	12	45	245	35	0	1
	CCC	0	1	0	0	18	65	184	58	12
	CC	0	0	0	0	1	0	65	85	38
	C	0	0	0	0	0	1	16	56	68

かを確認する。

2.4 モデルで評価できること、できないこと

これまでみてきたように、現在の AI 審査モデルの評価水準をおおまかにいうと、定量評価は人的審査のレベルに近づいている一方で、定性評価は発展途上にあり、今後の技術開発が待たれるレベルということになろう。具体的に、どのような項目が評価できて、どのような項目が評価しにくいのだろうか。本節では、モデルで評価できる項目と評価できない項目をホワイトボックス型とブラックボックス型に分けて整理する。

2.4.1 モデルで評価できること

図表 2 −40は企業評価に有益な情報のうち、ホワイトボックス型モデルで評価が可能と思われる項目を例示したものである。項目数が多くみえるものの、現実には主に決算書や確定申告書などの過去の数値をベースにした表面財務の評価ウェイトが高く、経営者の情報や非財務情報、外部要因などはあまり考慮されていない。

ホワイトボックス型は、経営者の資質やノウハウなど、定性情報のモデル

図表 2 −40　ホワイトボックス型モデルの主な評価項目

デフォルト判定

定量情報	定性情報
【決算書】 　◇ 現預金比率 　◇ 売上総利益売上高比率 　◇ 有利子負債利子率　など 【確定申告書】 　◇ 申告所得 　◇ 売上高　など	【経営者の情報】 　◇ 資産額 　◇ 負債額 　◇ 返済履歴 【非財務情報】 　◇ 業歴 　◇ 業界情報 　◇ 資金使途　など

外部要因	景気変動、災害、連鎖倒産など

化が難しいことはこれまでも述べてきたとおりである。それでも、さまざまな手法が研究され、変数を関数近似したり、経営者の資質の代わりになる変数をみつけたりして、定性情報を評価できるモデルも少しずつ増えてきた。

　たとえば、経営者の個人資産を業歴で代替させる方法（尾木・戸城・枇々木（2016））や、景気の状況をデフォルト率で代替させる方法（☞ p.20）などが成果をあげている。ほかにも、技術力や経営者の資質などを考慮したモデルも研究されており、中小企業向けモデルの精度は着実に上がっている。財務情報だけでつくられているモデルに比べて、AR値は10～20％ポイント程度高くなるといわれている。

　図表２－41は、ブラックボックス型モデルで評価が可能と思われる領域を示したものである。定量情報は、銀行口座やクラウド会計の情報を使ってより実態に近い財務の動きを評価しようとしている。

　定性情報についても、経営者の資質や技術力、サービス力などについて、スマホやネットの情報、GPSなどを使って、より直接的、客観的に評価しようとしている。今後も動画や音声、テキストデータといった非構造化データを用いた取り組みが進むと考えられる。

図表２－41　ブラックボックス型モデルの主な評価項目

デフォルト判定

定量情報

【決算書】
　◇ 現預金比率
　◇ 売上総利益売上高比率
　◇ 有利子負債利子率　など
【確定申告書】
　◇ 申告所得
　◇ 売上高　など
【実態財務】
　◇ クラウド会計情報
　◇ 入出金情報　など

定性情報

【経営者に関する情報】
　◇ 性格（行動傾向、社会性等）
　◇ 返済履歴（債務観念）
　◇ 行動履歴
　◇ 資産負債額　など
【その他の非財務情報】
　◇ 味、サービスの質
　◇ 技術力
　◇ ブランド力　など

外部要因　　　景気変動、災害、連鎖倒産など

2.4.2　モデルで評価できないこと

　DX（デジタルトランスフォーメーション）の進展やコンピューターの処理速度の向上によって非構造化データを扱うことが可能になり、これまで困難とされていた定性評価をモデルで行う道が開けてきた。DX の進展とともに定性評価がモデル化できる日が近づいていると思われる。それでもモデルでは評価ができない領域がある。それは主に二つある。

①　急激なマクロ経済環境の変化

　モデルを開発した時点と運用している時点のマクロ経済環境が異なると、モデルの精度が低下する可能性がある。通常の景気循環であれば、モデルを定期的に見直すことで対応できるが、災害や極端な景気悪化などが生じると、モデルは機能しなくなる。個別企業の財務内容とは関係なくデフォルトを引き起こすからである。

　やや専門的な話をすると、景気変動とデフォルトは相関関係があり、景気が急激に悪化すると企業の財務内容の良し悪しにかかわらずデフォルトが増える（☞ p.207）。変動が緩やかな場合は、景気の悪化とともに徐々に財務内容も悪化するので、デフォルトとの相関はそれほど高くはない。

　一方、急激な変動が起きると、財務内容が悪化する前にデフォルトが増える。たとえば、取引先からの注文が明日からゼロになるようなケースである。この場合、企業の財務内容とは関係なく、景気要因だけでデフォルトする。つまり、景気要因とデフォルトとの相関が「1」に近づく一方で、企業の財務内容とデフォルトとの相関は「0」に近づく。

　このような急激なマクロ経済環境の変化があったときはモデルが機能しなくなるおそれがあるので、人的審査のウェイトを上げて対応しなければならない。

②　審査員が評価できない項目

　モデルでは評価できない項目として、審査員が評価できない項目がある。たとえば、審査員が過去に審査を経験したことがない業種や業態だと、評価が難しくなる。企業数が多い業種や業態でも、デフォルト実績のない業種や

業態は評価できない。デフォルトのパターンがないからである。

　審査員は無意識に過去の経験と照らし合わせながら評価を行っている。経験のない業種や業態、デフォルトが少ない業種は、経験値が低く、ノウハウもないので評価できないのである。

　この思考過程はモデルも同様である。モデルは過去の平均値と比べて、相対的に企業を評価している。モデルを開発するときに使用したデータにはない業種や業態は、情報がないので評価精度は下がる。審査員が評価できない項目は、モデルでも分からないのである。

2.4.3　統計上の留意点

　モデルから算出される信用スコアやデフォルト確率を使用するときは、統計上の制約を確認しておくことが大切である。**2.2.3**でも解説したが、ここではモデルの精度に影響を与える項目について、三つの観点から述べる。

① **予測期間の影響**

　事業ローンで使用するモデルは、決算から1年後のデフォルト確率を予測するものがほとんどである。2年後や3年後を予測するモデルもあるが、予測期間が長くなるほど精度は低くなる。貸付期間の長い融資の審査判断に用いるときには、この点を踏まえてモデルの評価を割り引いて考える必要がある。

② **開発に使用したデータ数の影響**

　モデルの開発に使用したデータ数が多いほど、精度は高くなりやすい。とくに、デフォルト数がモデルの精度に与える影響が大きい。業種別や規模別など、特性に合わせて細かく分類して開発すれば精度は上がるが、そのぶん、各区分のデータ数が減る。デフォルトデータ数が減り過ぎると、精度が低下してしまう場合もあるので、データ数と精度の関係を認識し、よく検討しておく必要がある。

③ **謝絶した企業の情報の影響**

　モデル開発に用いるデータは銀行が融資を行った企業の情報である。融資を断って取引していない企業のデータは含まれていない。取引がなければ、返済履歴がないので当然である。一方、融資の申込みには、こうした謝絶し

た企業も含まれる。申込企業のデータをすべて使っていないという観点から、モデルの精度にバイアスが生じている可能性は否定できない。

　対策として、謝絶企業のデータをとるために本来は謝絶するはずの企業にあえて融資をするという方法がある。モデルの精度を維持するために必要なコストと考え、毎年、一定程度の謝絶先に融資してデータを取得する海外のローン会社もあるといわれている。もっとも、謝絶企業の割合はせいぜい2〜3％といわれている。わが国では、バイアスによって問題が生じたという報告や指摘は今のところほとんど聞かれない。

　なお、この問題はモデル特有の問題ではない。人的審査においても、謝絶という判断が正しかったかどうかという検証は、やはり返済履歴データがないので検証できない。繰り返しになるが、人的審査で分からないことは、モデルでも分からないのである。

　このように、モデルのスコアを審査に活用する際には、評価できる項目と評価できない項目を認識し、さらに、モデルの評価精度がデータや統計上の制約を受けているというモデルの性能の限界を十分に理解しておくことが大切である。

PART 3

AI 審査モデルを使った
信用リスク管理

PART 3 では、AI 審査モデルを活用した信用リスク管理について解説する。モデルの導入によって個々の企業の信用リスクが数値化できるようになり、信用リスク管理手法の近代化が進んでいる。

はじめに、銀行の信用リスク管理の全体像を概観し、次に近代的個別与信管理と与信ポートフォリオ管理について述べる。いずれも銀行の信用リスク管理の中核となる知識であるが、銀行だけではなく、AI スコアレンディングを運営するフィンテック企業にとっても不可欠な知識である。

AI スコアレンディングは、ポートフォリオ融資とも呼ばれており、与信ポートフォリオ管理が前提となっている。さらに、信用スコアをもとにした融資金額や金利といった融資条件の提示は近代的個別与信管理がベースになる。こうした知識が不足していると、想定外の損失を被る可能性がある。

もっとも、与信ポートフォリオ管理はバーゼル銀行監督委員会の指導や指摘を背景に議論や研究が進んでいるが、モデルを活用した近代的個別与信管理については確立された考え方はない。銀行の規模や特性、経営方針などによってさまざまな方法が考えられる。本書が示す方法は一つの考え方と位置づけてほしい。

3.1 銀行の信用リスク管理の概要

3.1.1 信用リスクとは何か

　そもそもリスクとは何であろうか。米国の経済学者であるフランク・ナイト（1885～1972年）は、著書『Risk, Uncertainty and Profit』（奥隅栄喜 訳「危険・不確実性および利潤」）のなかで、確率によって予測できる「リスク」と、確率的事象ではない「不確実性」とを以下のとおり明確に区別している。

【リスク】

　起こり得る事象が分かっていて、それが起きる確率も事前に分かっているもの⇒測定可能な不確実性

【不確実性】

　起こり得る事象は分かっているが、それが起きる確率が事前には分からないもの⇒測定不可能な不確実性

　それでは、以下の事例はリスクだろうか。

① 株価が下落する

② 地震が発生する

③ 同時多発テロが発生する

　株価の下落は測定可能な不確実性であり、リスクであることに異論はないだろう。地震の発生は「起こり得る事象」が分かっており、起きる確率も研究が進んでいるものの、リスクとして事前に管理するのは難しい事象である。同時多発テロは「起こり得る事象」ではあるが、起きる確率は分からないのでリスクとはいえない。分野や企業によって考え方は異なるが、地震やテロ対策は、どちらかというと危機管理という概念で整理されることが多い。

　このようにリスクを捉えると、リスク管理とは「事前に測定可能な不確実性」を管理することといえる。もちろん、リスク管理をしていても、想定外のことは起きる。**図表3－1**のように、銀行はさまざまなリスクを抱えている。なかでも重要なのは信用リスクである。

図表3－1　銀行経営を取り巻くさまざまなリスク

リスクカテゴリー	定義	管理手法
信用リスク	与信先の財務状況の悪化等により、資産（オフ・バランス資産を含む）の価値が減少ないし消失し、損失を被るリスク	格付け、ポートフォリオ管理、個別与信管理等
市場リスク	金利、為替、株式等のさまざまな市場のリスクファクターの変動により、資産・負債（オフ・バランスを含む）の価値等が変動し損失を被るリスク	リスクリミット設定、ポジションリミット設定等
流動性リスク	必要な資金確保が困難になる、または通常よりも著しく高い金利での資金調達を余儀なくされること等により損失を被るリスク	緊急時対応体制の整備、ガイドラインの作成等
オペレーショナルリスク	業務プロセス・役職員の活動・システムが不適切あるいは機能しないこと、または外部要因により生ずる損失に関するリスク	CSA、損失データ分析、リスク指標等
事務リスク	役員および従業員が正確な事務を怠る、あるいは事故・不正等を起こすことにより損失を被るリスク	業務プロセスの改善、研修、OJT、事務指導等
システムリスク	コンピューターシステムのダウンまたは誤作動、不正使用等により損失を被るリスク	コンティンジェンシープランの作成、管理基準の設定等
その他オペレーショナルリスク	事務リスクおよびシステムリスクを除いたリスク（例：人的リスク、レピュテーショナルリスク、法務リスク、有形資産リスク等）	

　銀行の信用リスクとは、主に貸したお金が返ってこないリスクである。たとえば、100万円貸して、100万円返ってこない可能性がリスクである。実際に100万円の損失が発生した場合は、信用コストと呼ぶ。したがって、信用リスクは、信用コストが発生する可能性のことである。

　さらに、信用リスクは二つに分解できる。一つは、貸したお金が返ってこない可能性がどれだけあるのか（デフォルト確率/PD）、もう一つは、返ってこないとしたら、貸したお金の何割が返ってこない可能性があるのか（デフォルト時損失率/LGD）である。

　バーゼル銀行監督委員会（Basel Committee on Banking Supervision）では、

１年後に予想される損失額を、EL（Expected Loss：期待損失もしくは予想損失）と定義している。EL は貸倒引当金の算出や金利の設定など、銀行にとって重要な数値で、下式で計算する。

$$EL = EAD × PD × LGD$$

E　L（Expected Loss）	：予想損失額
EAD（Exposure At Default）	：デフォルト時の予想残高
P　D（Probability of Default）	：デフォルト確率
LGD（Loss Given Default）	：デフォルト時損失率

LGD は１－回収率（RR：Recovery Rate）で計算されるので、

$$EL　=　EAD × PD × （1 － RR）$$

と書き換えられる。また、予想外の損失が発生する可能性もある。予想外損失は UL（Unexpected Loss）という（後述）。

3.1.2　二つの信用リスク管理手法

　PD（デフォルト確率）には二つの見方がある。一つは融資した企業群のうち何社がデフォルトするのかについての予測値である。銀行全体、業種、地域といった複数債権の信用リスクの大きさを計算するときに用いられる。具体的には、ある銀行の融資先が1,000社あり、PD が１％とすると、今後１年間に10社がデフォルトする可能性があるということになる。

　もう一つは個々の企業がデフォルトする可能性である。この場合の PD とは、特定の企業の信用力を示す尺度、すなわち、信用リスクの水準を示す評価指標として個別与信管理で用いる。具体的には、A 社の PD が３％、B 社の PD が４％だとすると、信用リスクは A 社より B 社の方が相対的に高いと評価できる。実務では PD をそのまま用いるのではなく、PD に紐づいた信用スコアを用いることが一般的である。

　PD の対象が個別企業か、与信ポートフォリオかによって見方が異なるのと同様に、信用リスク管理も個別企業を対象にしているのか、銀行全体、業種、地域といった複数債権の束を対象にした与信ポートフォリオを対象にしているのかによって見方が異なる。前者を個別与信管理、後者を与信ポート

フォリオ管理という。

　銀行は、この二つの管理手法を用いて、ミクロ（企業単位）レベルとマクロ（与信ポートフォリオ単位）レベルの両面から信用リスク管理を行う。**図表3－2**のとおり、木をみて、森をみて、多角的に管理することが求められるのである。

図表3－2　個別与信管理と与信ポートフォリオ管理

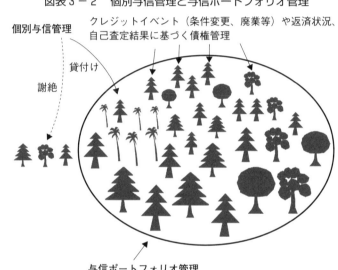

（1）　個別与信管理

　個別与信管理は、**図表3－3**のように主に三つの業務がある。融資の可否を判断する審査、融資後のモニタリング、クレジットイベントが発生したときの債権回収である。審査は決算書の定量情報や技術力、ノウハウといった定性情報をもとに、取引の可否や取引条件などを判断する。

　モニタリングは取引中に融資先の信用状態を定期的にチェックして、デフォルトを予見した場合は取引の縮小や中止を検討する。自己査定はモニタ

リングの代表的な業務である。

　万が一、デフォルトしたときには、法的措置などを通じて債権の回収を図ったり、返済条件の変更（いわゆる、リスケ）を行ったりする。このように、個別与信管理は、個々の企業の実態把握に重点を置いた伝統的な信用リスク管理の方法であることが分かる。

　審査、モニタリング、債権回収という個別与信管理は、個々の企業評価をもとに行うが、評価指標は、AI審査モデルで算出したPDに基づいて付される格付けがベースになっている。長い間、銀行の信用リスク管理は、個別企業が近い将来デフォルトする可能性があるかどうかという視点で管理する個別与信管理で行われてきた。したがって、「信用リスク管理＝個別与信管理」と認識しているバンカーも少なくない。

図表3－3　個別与信管理の概要

審査	➡	モニタリング	➡	債権回収

・企業評価　　　　　　　・信用状態の把握　　　　　・返済条件変更
・担保評価　　　　　　　・返済状況の監視　　　　　・法的債権回収
　など　　　　　　　　　　など　　　　　　　　　　　など

審　査
　企業評価や担保の評価などにより<u>融資の可否</u>を<u>決定</u>する。
モニタリング
　融資先の<u>信用状態</u>を<u>監視</u>し、問題がある場合は、個別の対応方針を策定する。
債権回収
　返済が見込めない場合は返済条件の変更や法的措置などで、<u>債権回収</u>を図る。

　1社1社の企業を審査して融資の可否を判断し、融資実行後は日々の接触や毎期の決算書の分析などで、個々の企業の信用リスクをモニタリングする。返済が見込めないと判断されれば、債権回収の措置をとる。
→*個々の企業の実態把握に重点を置いた伝統的な信用リスク管理の方法*
　（定性的、主観的評価）

⑵　与信ポートフォリオ管理

　与信ポートフォリオ管理は、複数の債権を銀行全体、業種、地域といった切り口で一つのまとまり（束）として捉え、債権の束の信用リスク量を計算するとともに、金利の設定や収益管理、自己資本管理などによって信用リスクをコントロールする手法である。具体的に**図表3－4**のように、三つの段階がある。

図表3－4　　与信ポートフォリオ管理の概要

リスク計測 ➡	リスクコントロール ➡	リスクヘッジ
・EL・UL の計算 ・VaR、ストレステスト 　など	・格付け構成や業種構成、 　与信集中などの管理 ・融資のスタンスや営業 　戦略の評価と見直し 　など	・金利設定 ・自己資本管理 　など

EL（Expected Loss：予想損失）管理
　EL を極小化するように、融資姿勢や営業戦略を加味しながらリスクコントロールする。最終的に残った EL は金利に織り込んだり、自己資本管理したりしてリスクヘッジする。EL 管理の基本は、ポートフォリオ全体で得られる金利収入から、EL（予想損失）、経費などを差し引いた額が、目標利益を上回るように管理することである。
UL（Unexpected Loss：予想外損失）管理
　予想外の損失は、主に自己資本の取り崩しでカバーする。UL 管理は、予想外の損失が発生しても債務超過に陥らないように自己資本を準備することである。

　与信ポートフォリオ全体（銀行や支店など）について、将来の損失可能性を統計的に計測し、金利や自己資本に見合う範囲に収まるよう管理する。
　　→モデルの高度化を背景に、近年になって急速に普及・進展した。
　　⇒モデルの高度化は、個別与信管理の近代化にも寄与した。

　第1段階はリスク計測である。銀行が保有している貸出債権のうち、1年後に予想される損失額（EL）を推計したり、急激な景気悪化などによる予想外の損失額（UL）を推計したりする。

第2段階はリスクコントロールである。格付け構成や業種構成、規模などの切り口で、過度な与信集中がないか、リスク分散が図られているか、中小企業や成長産業などに融資して適切にリスクテイクしているかなどを評価し、不十分な点があれば戦略の見直しなどを行う。

第3段階はリスクヘッジである。リスクコントロールには限界がある。残存した信用リスクは金利や自己資本でヘッジする。具体的には EL をカバーできるように金利を設定したり、UL が生じても債務超過に陥らないように自己資本を充実させたりする。

これらはいずれも、銀行経営の根幹に関わる重要な戦略で、リスクを数値化することによって可能になる管理手法である。与信ポートフォリオ管理は、AI 審査モデルの導入効果が顕著に表れる業務といえる。

与信ポートフォリオ管理は、銀行が保有している債権を金額換算し、銀行全体、支店全体といった複数の債権を束ねたプール単位で信用リスク量を測定し、その変動や偏りをモニタリングする。IT の発展を背景に、近年になって普及した。個別与信管理に比べて歴史が浅いことに加えて、銀行の支店で行われる日常業務との接点が少ないこともあって、与信ポートフォリオ管理の内容を理解しているバンカーは少ないのが現状である。

信用リスク計量化の中枢を担っているのは、AI 審査モデルである。さらに、債務者間の相関関係や景気変動の影響を計測するモデルなども含めて、金融工学の技術が駆使されている。これらの技術は以前からあったが、十数年前のコンピューターの性能では、実務での運用には多くの制約があった。

たとえば、モデルは少数のサンプルで構築せざるを得なかったので、満足な性能を引き出すことができなかった。本格的な運用には、コンピューターの処理速度の向上とデータの蓄積量の増加を待つ必要があったのである。

⑶　個別与信管理と与信ポートフォリオ管理の関係

図表3－5をみてほしい。二つの手法には取引先数の観点から対照的な違いがある。個別与信管理は、1 社 1 社手間暇をかけて評価するほど精度が上がるので、取引先数が多い場合は、当然のことながらコストがかかる。一方、与信ポートフォリオ管理は、取引先数が多いほど大数の法則（☞ p.143）

が働くので、予測精度が上がる。

　逆に、取引先数が少ない場合は個別与信管理のコストは少なくて済むが、与信ポートフォリオ管理の精度は下がる。二つの手法は、取引先数の観点からトレードオフの関係にある。

　信用リスク管理は、二つの手法を組み合わせて行うが、以上のトレードオフを念頭におき、数が多い中小企業向け融資は、与信ポートフォリオ管理に重点を置き、融資金額が大きく、数が少ない大企業、中堅企業向け融資は、リレーションシップを中心とした個別与信管理に重点を置くという態勢が望ましい。

図3－5　二つの管理手法のトレードオフ

個別与信管理
審査やモニタリングによって個別企業の信用リスクを管理する方法
与信ポートフォリオ管理
ポートフォリオ全体の信用リスクを管理する方法

数が少ないほど精度が上がり、コストもかからない

トレードオフ

数が多いほど精度が上がる
コストは数の制約を受けない

3.1.3　信用リスク管理の対象と管理のポイント

　図表3－6のように、企業の大多数は中小企業であるため、銀行の融資先は、件数ベースでみると中小企業が圧倒的多数派になる。したがって、中小企業の信用リスク管理の巧拙が銀行経営を左右するといっても過言ではない。

　図表3－7は中小企業の特徴と信用リスク管理のポイントをまとめたものである。中小企業は、決算書の精度が低く、発表の頻度も低いため個別企業の評価情報が少ない半面、企業数は多いので、大数効果が期待できる。

　一方、大企業や中堅企業は企業数が少ないので、大数効果は期待できないが、決算書の精度が高く、発表の頻度も高いため、個別企業の評価情報が多い。

　前述した二つの管理手法の特徴と中小企業と大企業の特徴を踏まえると、

繰り返しになるが、中小企業は、与信ポートフォリオ管理に重点を置き、大企業や中堅企業は、個別与信管理に重点を置くことが好ましいといえる。

図表 3 － 6　中小企業の割合

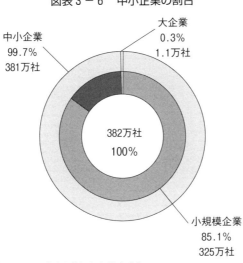

資料：2018年版『中小企業白書』
注：企業数は「会社数＋個人事業者数」である。

図表 3 － 7　中小企業の特徴と信用リスク管理のポイント

	中小企業	大企業	リスク管理上のポイント
企　業　数	多い	少ない	・中小企業は大数の法則が働きやすい ⇒与信ポートフォリオ管理向き
情　報　量	少ない ・決算書の精度が低い ・決算書のない個人企業もある ・外部情報が少ない	多い ・決算書の精度が高い ・外部情報が多い	・大企業は個別企業の評価情報が多い ⇒個別与信管理向き ・中小企業は個別企業の評価情報が少ない ⇒個別与信管理に手間とコストがかかる
情報の鮮度	低い ・決算は年 1 回 ・試算表を作成していない企業もある	高い ・四半期決算が多い ・試算表は月次で作成	

銀行は長い間、人手に頼った個別与信管理を中心に信用リスク管理を行ってきた。ただ、銀行の破綻の多くは、特定の業種や企業グループなどに過度に依存した融資をする与信集中と景気悪化に伴う予想外の損失の発生が要因とされ、与信ポートフォリオ管理の重要性が指摘された。

　与信ポートフォリオ管理を行うために、AI審査モデル（信用リスクモデル）を使って個別企業の信用リスクの数値（計量）化が進んだ。リスクの数値化は、与信ポートフォリオ管理だけではなく、客観的な与信判断やリスクに応じた金利設定など、個別与信管理の近代化にも貢献した。

　伝統的個別与信管理と近代的個別与信管理の違いを審査業務の観点から整理すると**図表3−8**のようになる。モデルの導入効果の主なポイントは、①数値化、②客観化、③標準化、④効率化、⑤健全化の5つになる。

図表3−8　伝統的管理と近代的管理の違い

	伝統的個別与信管理	近代的個別与信管理
評価者	人	人が主体（モデル併用）
①数値化	融資が可能かどうかの0か1	0〜1の連続値で評価できる
②客観化	主観的、恣意的	客観的、統計的
③標準化	審査レベルの標準化が難しい	審査レベルの標準化が容易
④効率化	結果を出すまで時間がかかる	瞬時に結果が出る
⑤健全化	不正融資の可能性がある	不正融資の防止効果がある

①　数　値　化

　伝統的個別与信管理では、融資が可能かどうかという「0」か「1」かの判断でしかなかった。リスクの水準が分からない場合の問題点は、審査員の主観で融資の基準が変動する可能性があるという点である。

　たとえば、客観的な水準が分からない場合、謝絶ばかりしていると、謝絶することに心理的な抵抗が生じて審査判断の基準が下がり、本来謝絶すべき水準にある企業に融資してしまうということが起こり得る。

　その逆もある。謝絶しないことに心理的な抵抗感を抱いて審査判断の基準

が上がり、本来融資できるはずの企業を謝絶してしまうということが起こる。主観に基づく融資の基準はさまざまな要因で変動する可能性がある。

　一方、AI審査モデルは、信用リスクを「0（0％）〜1（100％）」のデフォルト確率や信用スコアといった数値で評価する。企業の信用リスクが統一的な基準である確率やスコアとして表現されるため、謝絶基準にある企業、たとえばスコアが50点以下の企業の融資案件がどれだけ増えようと、融資の基準（たとえば、50点という基準）が低下するということは起こらない。

　また、人的審査では具体的なリスク量が分からない。このような「分からないリスク」をカバーするため、必要以上に担保や保証を求める傾向がある。「分からないリスク」は審査員を担保主義に走らせ、目利き力の低下を招く可能性もある。他方、モデルによって信用リスクが数値化されると、金利や返済期間、金額といった融資条件を変えることによって、これまで融資が難しかった企業に、融資条件次第で融資ができる可能性が出てくる（3.2で詳述）。

②　客　観　化

　伝統的個別与信管理では、審査員によって企業の評価が異なることはしばしば見受けられる。審査員の目利き力は経験によって培われるが、過去の経験は人によって異なる。たとえば、過去に、ある業種の倒産を複数回経験した審査員は、その業種の企業に対する審査判断が厳しくなる傾向がある。

　また、同じ審査員であっても、日によって評価が変わることもある。たとえば、目標の達成が目前だと審査判断が甘くなる可能性がある。客観性を確保するために複数の目で審査していても限界があり、人的審査の評価が主観的になるのは否めない。

　その点、モデルの評価はきわめて客観的である。誰がいつ評価しても同一の結果になるので、主観や恣意性が排除される。数値化することによって企業を信用リスクに応じて序列化することができ、相対比較も可能になる。

　後述するように、審査判断の根拠や融資条件も客観的かつ合理的に決定できる。さらに、デフォルトが起きた場合、審査判断のどこに問題があったのか、過去の判断の妥当性を検証することもできる。

③ 標準化

　誰がいつ評価しても同じ結果が出るということは、経験豊富なベテラン審査員でも経験の浅い審査員でも同じ評価になるということである。モデルを活用すれば審査能力の標準化を図ることができる。

　もちろん、これまで述べてきたように、モデルで評価できる項目とできない項目があるので、標準化が可能になるのは審査の一部分ということになる。たとえば、定量分析はモデルで多くの項目が標準化されるが、定性分析の大半は人的審査による評価が主体となる。それでも部分的に標準化できれば、経験の浅い審査員のスキルを標準的な水準に引き上げる育成期間の短縮化につながる。

　標準化は公正性という観点からも有効である。銀行は、資金を必要とする企業が、どの支店でどんな審査員の審査を受けても同じ判断結果になることが求められる。支店や審査員によって結果が異なることはあってはならない。融資には企業の存続がかかっているケースが少なくないからである。その点、モデルによる個別企業の評価には一貫性がある。バイアスのない意思決定をサポートするために欠かせない道具である。

④ 効率化

　業務の効率化はモデルの導入で最も期待される効果である。人的審査では一つひとつの企業を丹念に分析するので時間とコストがかかる。一方、モデルによる評価は一瞬なので、時間もコストもかからない。定量分析だけでも効率化できれば、生じた余力を定性分析に充てることができる。

　定量分析はモデルに任せ、中小企業の審査においてとくに重要な定性分析にマンパワーを注げば、審査の質の向上にもつながる。

⑤ 健全化

　伝統的個別与信管理では、長年の取引先だから断りにくいとか、営業成績を上げるために評価を甘くしようといった恣意性の入り込む余地が大きくなる。バブル崩壊後の不良債権の発生は営業部門や審査員の恣意性が入っていた可能性も指摘されている。不正融資ばかりではなく、既存の取引先への過度な取引深耕は与信集中リスクを高めることになる。

モデルを使えば、恣意性を排除できるので、不正融資などの防止効果がある。与信ポートフォリオ管理によって与信集中のモニタリングも可能になるので、過度な取引深耕を防ぐこともできる。

以上のように、AI審査モデルは伝統的な信用リスク管理では不可能であったことを可能にする。ただ、審査員には想定できないモデル特有の課題もあることには注意が必要である。まだ顕在化していない課題もあると思われるので、想定される課題をいくつか述べておこう。

① モデルの透明性と悪用のトレードオフ

AI審査モデルをうまく活用するためには、モデルのしくみを審査員に理解させることが重要であることはいうまでもない。モデルの性質や限界を知らずに、スコアという数値をうのみにすると審査の質をかえって低下させることになる。

一方で、モデルの性質や限界を理解させるために、使用変数やウェイトなど、透明性を高め過ぎると、スコアの粉飾や改ざんを招く危険性がある。

たとえば、借り手の企業が、モデルの情報を悪用して、スコアが高くなるように決算書の数値を改ざんすることが考えられる。ネット上には、銀行から融資を受けやすくする方法に関するサイトがあふれている。米国ではFICO（Fair Isaac Corp.：フェア・アイザック社の個人信用情報）のスコアを上げる方法を指南するコンサルタントが存在する。モデルの変数や構造がオープンになれば、少しでも点数が良くなるように、決算書の数値を粉飾したり、改ざんしたりする企業が出てくる。

また、銀行内部においても、審査員が自らの業績を上げるために、データを改ざんする可能性がある。内部の不正を防止するためには、データの入力ルールを定めたり、入力業務を審査員以外の職員に行わせたりするなどの対策が考えられる。

② 依存性のまん延

モデルによる評価は客観的かつ分かりやすいというメリットがあるが、この分かりやすさが裏目に出ることがある。それは、審査員がモデルから算出される信用スコアの数値に頼り、自らの判断を行わなくなるというモデル依

存症のまん延である。

　信用スコアのような客観的な数値を示されると、経験の浅い審査員ほど、その数値の影響を受けやすくなる。スコアが低い企業の評価を覆すには、相応の理由と合理性が求められる。モデルの評価を覆した企業がデフォルトすれば、自らの評価を下げることにもなる。

　その点、信用スコアの水準に合うように、人的審査の評価を行えば、手間暇もかからないし、万が一デフォルトが生じても責任が少なくて済むだろうと経験の浅い審査担当者ほど考えがちである。このような意識が働くと、AI審査モデルと人的審査を組み合わせて分析をしていても、最終的な判断はモデルの評価に偏ってしまう。

　繰り返して言うように、モデルは完全ではなく、評価できる項目とできない項目がある。レントゲンに例えると、レントゲンは病気の可能性があることを検出することはできるが、実際に病気かどうかまでは分からない。最終的な判断には、精密検査と医者による診察が欠かせないことを肝に銘じてほしい。

　モデル依存症の発生を防ぐには、モデルのスコアはあくまでも審査判断をするうえでの一つの指標に過ぎないという意識を醸成し、審査員のスキルを磨くことが重要である。それには研修やOJTなどを通じて審査員の教育を地道に行っていくと同時に、モデルだけに依存しないような審査プロセスの構築が求められる。

③　**目利き力の低下**

　モデルを審査に活用すると、そのぶん、人的審査のノウハウ、つまり、審査員の目利き力が低下するのではないかという懸念がある。たしかに、審査のすべてをAI審査モデルで代替すれば、その可能性は否定できない。ただ、これまで述べてきたようにすべてをモデルで代替することは困難である。

　むしろ、モデルを活用することによって目利き力が向上する可能性がある。目利き力の向上には、判断の難しい案件をたくさん経験することが近道である。手間暇をかけて審査することによってスキルは向上する。AI審査モデルを使って、審査業務を効率化できれば、難しい案件の審査に時間をか

けることができる。後進の指導にも時間を割くことができるようになれば、審査員を育成する期間の短期化も期待できる。

Memo 大数の法則

- -

　サイコロの「1」の目が出る事象は確率 $p=1/6$ である。実際にサイコロを投げる実験を行うと、6回投げても必ず「1」が出るとは限らないが、試行回数 n を10、20、30と大きくしていくにつれて「1」の目が出る回数 r との比率 r/n は1/6に近づく。

　大数の法則とは、データ（試行回数）が多いほど、バラツキ（分散）が小さくなって、真の値から大きく外れることが少なくなるという法則である。

3.2 近代的個別与信管理

3.2.1 個別与信管理の概要

　融資の審査は、定量分析と定性分析を中心に企業評価を行ったあと、融資金額や金利、担保や保証の有無、返済期間といった融資条件を検討し、最終的に融資の可否と条件を決定する。融資条件が満たされなければ、融資は困難になる。

　審査員に依存した伝統的な審査の場合、企業評価が定性的なので融資条件の設定が保守的になる傾向があった。担保の有無や融資金額、返済期間などの決定は、マニュアルはあるものの明確な基準はなく、基本的には個々の審査員の経験と勘による「目利き」であった。

　一方、近代的個別与信管理では、AI審査モデルを使って個々の企業の信用リスクを数値で客観的に評価するので、担保の範囲や融資金額、返済期間はもちろん、金利も客観的かつ合理的に基準を設定できる。金利や担保といった融資条件を変えることによって、個々の企業の信用リスク、具体的にはELを調整することも可能になる（**図表3-9**参照）。

図表3－9　伝統的個別与信管理から近代的個別与信管理へ

【AI審査モデル導入前：人的審査のみのリスク計測】
✓ 定量分析と定性分析によって企業の信用リスクを評価して融資の可否を決定する。リスクは数値（金額）では計測できないので、評価は「○」か「×」となる。
✓ 信用リスクが数値化できないと、EL（予想損失）に見合うように金利を設定したり、金利に見合うように担保の有無や融資金額、返済期間を調整したりすることは難しい。
　→金利は信用リスクにかかわらず一律もしくは恣意的に決定
✓ 融資条件（担保の有無や返済期間等）の設定は個々の審査員の経験と勘による「目利き」。

【AI審査モデル導入後：モデルを併用したリスク計測】
✓ モデルを使えば信用リスクが数値（金額）で計測できる。
✓ ELに見合うように、金利を設定したり、金利に見合うように、担保の有無や融資金額、返済期間などを調整したりすることができる。
✓ 融資条件をきめ細かく設定することにより、個別与信管理を高度化できる。

　ELの定義を再確認すると以下のとおりである。ELを構成する三つのファクターのうち、企業の信用力を示すデフォルト確率（PD）を融資条件によって調整することは困難だが、デフォルト時の予想残高（EAD）とデフォルト後の損失率（LGD）は調整が可能である。たとえば、デフォルト確率が100％でも、保証会社の保証を付けることを条件にすればELは0％になる。

$$EL = EAD \times PD \times LGD$$

E　L（Expected Loss）	：予想損失額
EAD（Exposure At Default）	：デフォルト時の予想残高
P　D（Probability of Default）	：デフォルト確率
LGD（Loss Given Default）	：デフォルト時損失率

　つまり、担保や保証を条件にLGDを下げたり、融資金額や返済期間を調整してEADを下げたりすることによってELを小さくすることができる。このように個々の案件の信用リスクを融資条件によって調整することも、モデルによるリスクの数値化（見える化）によって可能になる。

3.2.2 EAD・PD・LGD の計測

⑴ EAD の計測

EAD はデフォルトしたときの予想残高金額で、一般的には1年後の残高金額を想定する。**図表3−10**をみてほしい。割賦払いの場合、1,000万円の融資の1年後（12か月後）の残高は、当然のことながら返済期間（回数）が短い（少ない）ほど小さくなる。AとBとを比べると、1年後の残高は、Aは700万円であるのに対し、Bは400万円となり、返済期間が短いぶんEADは小さくなることが分かる。融資金額やPD、LGDが同じ場合、返済期間を短くすることで1年後の残高を抑えれば、ELは小さくなる。

図表3−10　返済期間とEADの関係

返済パターン	返済回数	毎月返済金額	年間返済金額	1年後のEAD
A	40回払い	25万円	300万円	700万円
B	20回払い	50万円	600万円	400万円

ただ、返済期間が短くなると、返済回数が少なくなって毎月の返済金額が大きくなり、返済負担が増加する。信用リスクの観点から安易に返済回数を減らすと融資先企業の資金繰りを悪化させて、かえってリスクを高めることになる。銀行サイドからみると、返済期間を短くすることによって金利収入が減るという点にも注意が必要である。

なお、コミットメントラインのように、与信枠を設定し、毎月の返済金額が決まっていない融資商品のEADは、平均残高を使ったり、モデルで推計したりする。

⑵ PD の計測

融資先企業のPD（デフォルト確率）は、AI審査モデルのスコア（評点）をもとに格付けし、それぞれの格付けの過去数年間の実績デフォルト率の平均値を用いることが多い。

図表3−11はAI審査モデルから算出されるスコアと格付け、過去5年間

の実績デフォルト率を示したものである。スコアに応じて格付けが決定され、その格付けの過去5年間の実績デフォルト率の平均値を、PD として用いていることが分かる。

　PD は過去5年の実績デフォルト率の平均値が用いられることが多いが、定まったルールはない。最終的には各銀行の判断になる。

図表3－11　PD の値の決め方（例）

スコア （評点）	格付け	実績デフォルト率の5年平均 ＝PD（デフォルト確率）
100～91	AAA	0.1%
90～81	AA	0.3%
80～71	A	0.5%
70～61	BBB	1.0%
60～51	BB	1.5%
50以下	B 以下	2.0%

Memo　モデルで算出した PD を使用しない背景

　AI 審査モデルを使えば個別企業の PD（デフォルト確率）を算出できる。ただ、後述（☞**3.3.2**）するように、実績デフォルト率は、「複数企業のうち何社デフォルトしたか」で算出する。つまり、個別企業（1社）のデフォルト率は0％か100％の二つの値しかなく、個別企業（1社）の PD の精度は検証することができない。そこで、モデルで算出した個別企業の PD をもとに格付けという複数の企業の束をつくり、格付け単位で PD と実績デフォルト率とを比較して検証するのである。このような背景からモデルで算出した PD が使用できないのである。

⑶　LGD の計測

　LGD は「1－回収率（RR）」で計算される。したがって、EAD を上回る担保や保証があれば、デフォルトが生じても債権は確実に100％回収できるので、LGD は0％になる。

担保や保証の額がEADを下回る場合、下回る部分は無担保無保証になる。この場合のLGDは、簡便法では、無担保無保証部分のLGDを100％、担保や保証でカバーしている部分のLGDを0％として、按分計算する。

ただ、無担保無保証であっても、数パーセントから十数パーセントは回収される。より正確に推計するには、回収率を算出するAIモデル（回収率モデルもしくはLGDモデルと呼ばれている（☞ p.207））を使って、無担保無保証部分のLGDを推計してから按分することが望ましい。

担保や保証の金額がEADを下回る場合の具体的な計算方法は**図表3−12**のとおりである。左の棒グラフは全額を担保や保証でカバーされているケースである。右の棒グラフは、100万円の融資に対して担保や保証でカバーされていない部分が60万円で、60万円のうちデフォルト時に回収可能と予想されるのは50％の30万円と推計しているケースである。

右の案件の予想回収額は、担保や保証でカバーされている40万円とLGDモデルで推定した担保や保証でカバーされていない部分の予想回収額30万円を合算した70万円となる。つまり、損失額は債権額100万円から70万円をマイナスした30万円となるので、30万円を債権額100万円で割った30％がLGDということになる。

図表3−12　LGDの計算

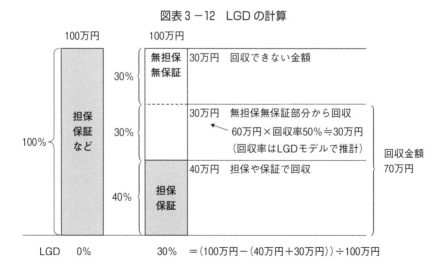

3.2.3 個別企業のリスクコントロール

EAD、PD、LGD が計測できたところで、個別企業の EL を計算してみよう。**図表3−13**は無担保無保証融資した A 社の概要である。A 社の EL は以下のように計算する。

100億円×1.00%×（100%−50%）＝0.5億円

この計算を全融資先企業に行って合計すれば銀行全体のELが算出できる。

図表3−13　A 社の無担保無保証融資の EL

EAD	1 年後の予想残高	100億円
PD	PD スコア　64点	BBB 格　PD　1.00%
LGD	RR スコア　53点	予想回収率　50%

PD スコア	格付け	債務者区分	PD		RR スコア	予想回収率
100〜91	AAA		0.25%		100〜91	90%以上
90〜81	AA		0.50%		90〜81	80%
80〜71	A		0.75%		80〜71	70%
70〜61	BBB	正常先	1.00%		70〜61	60%
60〜51	BB		1.25%		60〜51	50%
50〜41	B		1.50%		50〜41	40%
40〜31	CCC	要注意先	1.75%		40〜31	30%
30以下	CC		2.00%		30〜21	20%
	C	破綻懸念先			20〜11	10%
	D	実質破綻先			10以下	0%
	E	破綻先				

次に、個別企業の EL を銀行が調整する方法を考えてみる。**図表3−14**のように A と B という二つの融資額3,600万円、3 年払いの案件があるとする。希望する融資金額は同じであるが、PD は B の方が高い。したがって、EL（予想損失額）を計算すると、A は24万円、B は48万円となる。

図表 3 −14　融資条件設定による EL の調整

	EAD（1 年後：万円）	PD	LGD	EL（万円）
A 社	2,400	1.0%	100%	24
B 社	2,400	2.0%	100%	48
(ア)　返済期間を短縮	1,200	2.0%	100%	24
(イ)　担保・保証でカバー	2,400	2.0%	50%	24
(ウ)　(ア)と(イ)の組み合わせ	1,600	2.0%	75%	24

　B の EL を A と同じ24万円にするには、(ア)返済期間を半分の1.5年払いにして、EAD を半分の1,200万円にするか、(イ)1,200万円分の担保や保証を付けて LGD を50％にするか、もしくは、(ウ)上記の(ア)と(イ)を組み合わせる、という三つの方法が考えられる。以上のように科学的にリスクコントロールできるところに近代的個別与信管理の真髄がある。

　三つの方法以外にも、金利というハンドルで操作するという方法が考えられる。たとえば、B の48万円の EL のうち、A との差額分の24万円を金利収入24万円で補うという方法である。

　具体的には、**図表 3 −15**のように、A の金利が 1 ％であれば、B の金利を 2 ％にすれば、EL の差額を埋めることができる（ここでは話を簡単化して目標収益率は金利に加味しない）。企業の側からみると、支払利息が24万円増えることになるが、月ベースで 2 万円であれば経費等の抑制で対応できる可能性がある。融資金額が少額であれば金利で調整することも検討の余地がある。

図表 3 −15　金利による EL の調整

	EL（万円）	金利	金利収入（万円）	損益（万円）
A 社	24	1.0%	24	0
B 社	48	2.0%	48	0

ただし、このケースには注意が必要である。何度も繰り返すが、ELを金利でカバーするには、大数の法則が働くようなたくさんの債権を有する与信ポートフォリオであることが前提になる。この前提が満たされていない場合、その程度に応じて想定外の損失が発生するリスクが上昇することを認識し、別途、金利を上乗せしたり、自己資本を手当したりする必要がある。この点の詳細については、**3.3**の与信ポートフォリオ管理で述べる。

　以上のように、近代的個別与信管理では、モデルによってリスクを数値化できるようになり、融資条件を調整することによってELをコントロールすることができるようになった。融資するかしないかという二者択一だった状況に比べて、融資の可能性が拡大する。

3.3 与信ポートフォリオ管理① ── EL 管理

3.3.1 EL と UL

　本項では、EL（予想損失）とUL（予想外損失）を復習するところから始めよう。銀行が最も知りたいのは、貸したお金のうち、どれだけのお金が返ってこない可能性があるのかということである。ELは1年後の予想損失額で、貸倒引当金の算出や金利の設定など、銀行の基幹業務に必要になる重要な数値である。

　ELは予想損失なので、通常はコストとして金利に織り込む。ただ、あくまでも予想なので、景気悪化などでELを上回る予想外の損失が生じる可能性がある。予想外の損失は、ULとして定義される。ULが発生して仮に赤字になれば、自己資本を取り崩して補填することになる。銀行にとってはELだけではなく、ULの算出も重要であることが分かる。

　ELとULの算出方法について、最も簡便な方法を紹介しよう。**図表3-16**をみてほしい。これは、ある銀行のX-4年からX年までの信用コストの実績値とX+1年のELを示したものである。

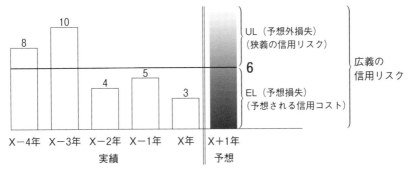

図表3－16　ELとULの概念のイメージ

EL＝予想損失＝予想される信用コスト＝（8＋10＋4＋5＋3）÷5＝6億円
UL＝予想外損失＝狭義の信用リスク……過去の最大値を用いるなら「10億円」
注：X年の信用コストは、X＋1年にならないと確定しないことに注意。

① 簡便法を用いた EL の算出

　EL は、今後1年間に発生すると予想される信用コストである。簡便法では、X＋1年の EL は過去5年間の信用コスト（実績）の平均を用いる。実際には多くの銀行がこの方法で算出していると思われる。

　この例では**図表3－16**の下方の式のとおり、EL は6億円になる。過去何年分がよいのかという決まったルールはないが、5年以上とすることが望ましいとされている。過去の平均値をもとに、将来の景気や今後の経営戦略などを踏まえて調整を行い、最終的な予想を行う。このケースでは、景気に大きな変化はなく、経営戦略も変えないという前提で平均値を置いている。

② 簡便法を用いた UL の算出

　UL は、予想外の損失のことである。狭義の信用リスクのことで、**図表3－16**では EL の6億円を上回る部分に該当する。たとえば、景気が悪化すれば、EL の6億円を上回る損失が発生する可能性が出てくる。そこで、景気が悪化したときに、最大でどの程度の損失になるのかという金額をもとに UL を算出するのである。

　具体的には、まず、リーマンショックなど過去最悪の景気悪化のときの損失額や統計上の理論値である標準偏差を最大損失額として用いる。どの値を

用いるかは、規制上のルールや経営判断によって異なる。この最大損失額からELを引いた値がULになる。たとえば、最大損失額を10億円とした場合は、

$$10億円 - 6億円 = 4億円$$

の4億円がULとなる。

　信用リスクとは、予想損失額の不確実性のことなので、本来はULのことである。ただ、ELとULを合わせたものを信用リスクと呼ぶこともあるので注意してほしい。信用リスクといったとき、ELとULを合計した広義の意味なのか、ULのみを指しているのかを確認しないと、議論がかみ合わなくなるおそれがある。

③　モデルを用いたEL、ULの算出

　過去の信用コストの平均値をELとして用いる方法では、将来のELをきめ細かくシミュレーションすることは難しい。景気や経営戦略などの前提を変えてELやULを推計するには、ELの構成要素であるPDやLGDを推計するモデルが必要になる。具体的には、モンテカルロシミュレーションなどの手法を駆使してモデルからPDとLGDの推計値を算出し、予想される損失額とその発生頻度のヒストグラムを作成する。

　たとえば、**図表3－17**のように1年後に予想される損失額をモンテカルロシミュレーションで多数生成したヒストグラムがある（数字はすべて仮の値である）。最も当たりそうな損失額をEL（通常は平均値）、ELを超える損失額の予想値をULと考える。

　ただ、ULの算出に必要な最大損失額の値は債権額が100％毀損するケースまで、さまざまな値が想定可能である。そこで、通常は100年に1回程度の確率で起こる可能性のある値やリーマンショックをきっかけにした景気後退期の値など、何らかのルールや基準を任意に定めて算出する。

　もう少し詳しくみてみよう。**図表3－17**の横軸の「予想される損失額」はEAD×PD×LGDで計算する。「予想される損失額」の計算式は、EL（予想損失額）と同じであるが、「予想される損失額」とEL（予想損失額）は異なるので注意してほしい。

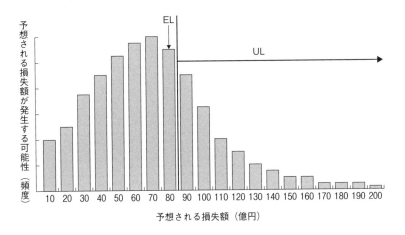

図表 3 −17　予想される損失額と発生する可能性（頻度）

大ざっぱにいうと、ヒストグラムは何らかの仮説に基づいてシミュレーションした EAD、PD、LGD の値を掛け算して算出したさまざまな「予想される損失額」の分布である。頻度が高いということはその予想される損失額が実現する可能性が高いということを示す。一方、EL は「予想される損失額」のうち、最も実現可能性が高い値、つまり、平均値である。

　また、UL の算出に必要な最大損失額は、「予想される損失額」の平均値から悪い方に振れたときの任意の「予想される損失額」の値である。振れたときの値には、過去の最大値や標準偏差などがよく使われる。EL や UL の先進的な算出方法については、銀行法にも記載されている。バーゼル銀行監督委員会が公表している銀行の経営が健全かどうかを示す自己資本比率規制、いわゆる BIS 規制に沿って作成されており、グローバルスタンダードを踏まえた内容になっている。

　たとえば、バーゼル II では銀行の自己資本比率について、国際統一基準行は 8 ％以上、国内基準行では 4 ％以上を求めており、この基準に満たない銀行は、銀行法に基づいて早期是正措置の命令などを受ける。自己資本比率を算出するためには、融資先の PD や LGD などをモデルなどで算出し、銀行が保有している貸出債権全体の EL や UL を計算することが必要である。も

ちろん、規制に定められている算出方法は手法の一つに過ぎない。各行はこれらをベースに独自性を加味しながら運用している。

3.3.2 ELの計算方法と留意点

ELの計算方法と留意点について順に解説する。三たび、ELの計算式を確認しておこう。

$$EL = EAD \times PD \times LGD$$

E　L（Expected Loss）	：予想損失額
EAD（Exposure At Default）	：デフォルト時の予想残高
P　D（Probability of Default）	：デフォルト確率
LGD（Loss Given Default）	：デフォルト時損失率

LGDは100％－回収率で計算されるので、

$$EL＝EAD×PD×（1－回収率）$$

と書き換えられる。たとえば、(1)式のように、A銀行が仮にB社のみに融資している場合の1年後のELは0.8億円と計算できる。

[例]　B社の概要

EAD	1年後の残高	100億円
PD	CC格	PD　2.00％
LGD	68点	予想回収率　60％

100億円×<u>2％</u>×（100％－60％）≒0.8億円……(1)

A銀行のELは0.8億円であるが、実際にB社が倒産したときの損失額を計算すると、

100億円×<u>100％</u>×（100％－60％）＝40億円……(2)

となる。予想が大きく外れていることが分かる。(1)式と(2)式との違いは、下線のデフォルト確率の部分である。(1)式では、デフォルト確率として2％の

値を使用した。一方、(2)式ではデフォルトしたので100％の値が使用されている。PD はデフォルトの予測値なので「確率」である。ところが、実際にデフォルトすると、予測値のデフォルト「確率」は、デフォルトの実績値であるデフォルト「率」に変わるので、値は100％になる。このことを図解すると**図表 3 −18**のとおりとなる。

図表 3 −18　B 社の予想損失額の誤差

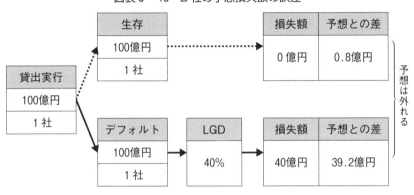

　このケースでは、1 社のうち 1 社がデフォルトしたのでデフォルト率は100％（実線のルート）になり、損失額が40億円になっている。一方、デフォルトしない場合（点線のルート）はデフォルト率が 0 ％になり、損失額は 0 円になるので、やはり、予想は当たらない。図解してみると、融資先が 1 社のみの A 銀行の EL は確実に当たらないことが分かる。

　どうして当たらないのであろうか。与信ポートフォリオ管理においてデフォルト確率が 2 ％とは、複数の企業の債権の束、たとえば、100社の企業の債権のうち 2 社がデフォルトする可能性があるという意味である。一方、B 社のデフォルト確率が 2 ％とは、あくまでも個々の企業の信用力を示す尺度であり、B 社の債権の 2 ％分だけ損失する可能性を示すものではない。

　さらに、次の例をみてほしい。これは A 銀行が1,000社の企業に0.1億円ずつ合計100億円融資した与信ポートフォリオの事例である。さきほどの事例との違いは融資先数だけで、EAD や PD、LGD は同じ値を用いている。

［例］ 1,000社の与信ポートフォリオの概要

EAD	1年後の残高	100億円（1企業あたり0.1億円）
PD	全社CC格	全社PD　2.00%
LGD	全社68点	全社予想回収率　60%

この与信ポートフォリオのELを計算すると、

100億円×2%×40%≒0.8億円

となり、やはり、先ほどのケースと同じ損失額になる。

1年後、20社が倒産した。実際の損失額を計算すると、

0.1億円×20社×40%＝0.8億円

となり、今度はELと実績が一致していることが分かる。

図表3－19のように、貸出実行が1,000社で、生存企業が980社、デフォルト企業が20社となったので、デフォルト「確率」2%という予想に対して、実績値であるデフォルト「率」も2%となっていることが分かる。

図表3－19　与信ポートフォリオの予想損失額の誤差

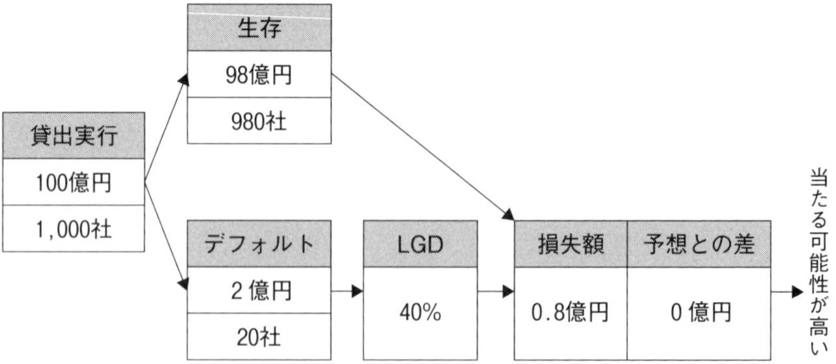

もっとも、このケースはデフォルト企業が20社と、予想が当たったケースを想定している。デフォルト企業数は 0 社から1,000社まで可能性があるので、このケースのように一致することはあまりない。

　そこで、与信ポートフォリオ管理のポイントの一つである数が多いほど当たりやすいという大数の法則について、EL 管理の観点から考えてみる。

　以下の例をみてほしい。今度は企業数が1,000社から 1 万社に増えている。それ以外のファクターは同じである。

[例]　 1 万社の与信ポートフォリオの概要

EAD	1 年後の残高	100億円（ 1 企業あたり0.01億円）
PD	全社 CC 格	全社 PD　2.00%
LGD	全社68点	全社予想回収率　60%

　EL を計算すると、

　　0.01億円× 1 万社× 2 ％×40％≒0.8億円

やはり、このケースでも EL は0.8億円となる。

　 1 年後200社が倒産したので、損失額を計算すると、

　　0.01億円×200社×40％＝0.8億円

となり、やはり1,000社のケースと同様に予想と同じになった。次に、202社が倒産してデフォルト率が2.02％になった場合の損失額を計算すると、

　　0.01億円×202社×40％＝0.808億円

となる。予想とは一致していないが、かなり近い値となっている。このように、たくさんの会社と取引すればするほど、EL と実際の損失額との差が小さくなることが分かる。大数の法則（☞ p.143）が働くからである。

3.3.3 EL のマネジメント

以上のように、取引先数が少ない銀行は、EL との差が大きくなる可能性が高いので、UL（予想外損失）の発生に備えて、自己資本を多めに積んでおく必要がある。

EL はおおむね一般貸倒引当金に相当する。EL はあらかじめ信用コストとして認識し、金利に織り込んでカバーする。したがって、EL 管理を一言でいうと、信用コストと金利との関係をコントロールすることといえる。

たとえば、金利を一定と仮定すると、収益率を上げるには信用コストを予想よりも低く抑えればよい。ただ、そのために信用リスクの高い企業との取引を控えると、取引先数が減少して EL との差が大きくなる可能性が高まる。

また、全体の融資残高が減少すれば、収益率が上昇しても収益額が減少する可能性がある。一方、残高を増やすために特定企業への融資を増やすと、与信集中リスク（☞ p.180）という新たなリスクを生むことになる。このように、EL 管理は、融資業務の収益管理そのものといえる。

最善策は、信用リスクの低い企業は金利を低くし、信用リスクの高い企業は金利を高くするという、信用度の大きさに合わせて金利を変えることである。これをリスク対応金利という。わが国の銀行におけるローンビジネスの低収益性の要因の一つは、リスク対応金利の導入の遅れであるともいわれている。

⑴　リスク対応金利の効果

モデルを使えば個々の企業の信用リスクを客観的かつ合理的に見積もることができる。前述したように、きめ細かなリスク調整が可能になる。与信ポートフォリオ管理の普及に伴い、リスク対応金利は消費者向けローンや住宅ローンで一般的になり、最近では小口のビジネスローンにも広がりつつある。

ここで、リスク対応金利を導入した場合の営業について具体的に考えてみよう。**図表 3 −20**は、株式会社リスクモンスターが提供している RM 格付けである。与信モデルによって企業の信用力を格付けしたもので、格付けごとに想定倒産確率が示されている。

この表を使って「0か1」しかない目盛りのモノサシによる審査判断を考えてみる。たとえば、格付けがD以上なら融資する、D未満なら融資しないという使い方になるだろう。この場合、営業係からみると、融資係が融資できないと判断した案件については諦めるしか選択肢がない。

一方、「0〜1」の目盛りがあるモノサシでは、E1なら4％、F2なら7％の金利で融資可能という判断内容になる。つまり、融資係が「E1」と判定した企業に対して、営業係は金利4.0％で融資できるように交渉することになる。もし、4.0％という金利が折り合わなかったとしても、**3.2.3**で示したように金額や期間を調整したり、担保や保証を部分的に付けたりすることで金利を下げるという交渉の余地が生まれる。

このように、リスク対応金利を導入すると、融資条件を調整しながら取引先のニーズに応えていくという営業係の交渉力が重要になってくる。融資の可能性を広げるためには、営業係も信用リスク管理の知識を身につけることが求められる。

図表3−20　リスクモンスターRM格付け

格付け	定義	想定倒産確率（年間）	金利（年間）
A	支払能力が非常に高い	0.05〜0.1%	1.05〜1.2%
B	支払能力が高い	0.5〜1.0%	1.5〜2.1%
C	支払能力は中程度	1.0〜1.5%	2.0〜2.6%
D	将来の支払能力に懸念がある（取引には多少調査が必要）	2.0〜2.5%	3.0〜3.6%
E1	支払能力に懸念がある（取引には調査が必要）	3.0%程度	4.0%程度
E2		3.5%程度	4.5%程度
F1	通常取引不適格先（取引には十分な調査が必要）	5.0%程度	6.0%程度
F2		6.0%程度	7.0%程度
F3		7.0%程度	8.0%程度
G	判断不能先	—	—

資料：株式会社リスクモンスターRM格付けをもとに筆者が独自に作成

中小企業が減少するなか、銀行が融資先を増やすには、これまでのような
リスク回避的な営業ではなく、リスクを積極的にテイクする営業に軸足を移
すことが求められる。その手段の一つが、リスク対応金利の導入である。こ
こでは、リスク対応金利とリスクテイクとの関係について考えてみたい。

モデルが普及する前は、個々の案件の信用リスク（格付け、担保や保証の
有無やその割合、返済期間など）を金額換算することが難しかったので、金利
はリスクにかかわらずおおむね一定であった。もちろん、担保や返済期間な
どの融資条件によって金利を変えることは多くの銀行で行われてきた。

信用リスクについても、モデルが普及してからは、信用保証協会でCRD
のスコアリングモデルの評点をもとに信用保証料率を変えているように、銀
行でも格付けごとに想定金利が決められている。ただ、邦銀の収益率を海外
と比較すると、リスク対応金利の導入は引き続き重要な課題になっていると
考えられる。

(2) 一律金利の問題点

図表3−21をみてほしい。一律金利の場合、営業サイドにはネガティブな
力が作用する。左図の縦軸は金利、横軸はリスク（EL）である。信用リス
クにかかわらず、金利を一定にしている。右図は、縦軸がEL調整済みリ
ターン（貸出金利−EL、以下リターンという）、横軸はリスク（EL）である。

図表3−21　一律金利のリスクとリターンの関係

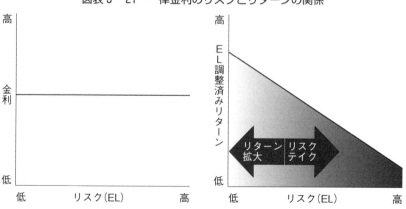

一律金利の場合、リターンの大きさはELの水準によって決まる。シャドー部分が収益である。金利がリスクの大きさにかかわらず一律だと、ELが小さいほど（デフォルトが少ないほど、担保掛け目や保証が大きいほど）、リターンは大きくなる。

　したがって、営業係はデフォルトの可能性が低いと思われる企業や担保・保証付きの案件に対するアプローチを強化することが最適なアプローチとなる。すると、矢印のようにリターン拡大とリスクテイクがトレードオフになる。

　優良企業や担保・保証協会付き案件は多くはないので、ライバルとの争奪戦となる。金利競争になれば、想定よりも低い金利を提示する必要性も出てくる。たとえ、競争に勝てたとしても利益を生まない可能性もある。

　リスクテイクの観点からも問題がある。一部の優良企業への融資の拡大が与信集中リスクを生むことは前述したとおりである。さらに、担保主義への傾倒は、銀行の目利き力の低下を招くという弊害もある。

　一律金利のメリットとして、「リスクの高い中小企業でも低い金利で融資を受けられる」という意見がある。この意見に対して、早稲田大学大学院教授川本裕子氏は、「一部の顧客が得をしているという部分は一面の真理かもしれませんが、経済に貢献しているとはいえないでしょう。価格メカニズムが働かないと、経済の新陳代謝が起こりにくくなります。新陳代謝は、成長性のある企業に対して資金が供給され、成長性の低い企業に対しては資金が供給されないことによって起こるからです」と著書（川本（2015））で述べている。これから創業しようというリスクの高い企業にとっては、成長力を失った企業が温存されることで、参入が難しくなる。経済全体からみても、新陳代謝が促されないというデメリットの方が大きい。

　さらに、川本氏は「貸し渋りや貸しはがしが起こるのは、常日頃リスクに対してリターンを銀行が要求していないこともあります。多少、金利が高くても資金を調達することが重要な企業は多数存在します。しかし、普段リスクに見合った金利になっていないために、不況期になると資金が供給されなくなる─いわゆる貸し渋り、貸しはがしです。そちらの方が経済活動に与える悪影響は大きいでしょう」と指摘している。

つまり、一律金利の場合、景気が悪くなると、多くの企業の信用リスク（EL）が上昇して金利に見合わなくなり、資金が供給されにくくなる一方で、景気が良くなると、金利に見合う企業が増えるので貸出が増加する。一律金利は、「雨の日に傘を貸さず、晴れの日に傘を貸す」という行動を銀行に促し、経済活動に悪影響を与えることになる。

⑶　リスク対応金利のメリット

　今度は、信用リスクに対応した金利を採用しているケースを考える。**図表3-22**をみてほしい。左図のように、リスク対応金利では、リスクが高く（ELが大きく）なるほど、金利が高くなる。

　右図は、リターンとリスクの関係をみたものである。リスクが高いほど金利が高くなるため、リスクにかかわらずリターンは一定になる。営業は、リスクの低い企業には低金利で融資できるので金利競争力が増す。一方で、リスクの高い企業とは、取引の可能性が広がり、融資先数の増加に貢献する。融資先数が増えれば、リターンが増加するだけではなく、リスク分散効果も高まる。

図表3-22　リスク対応金利のリスクとリターンの関係

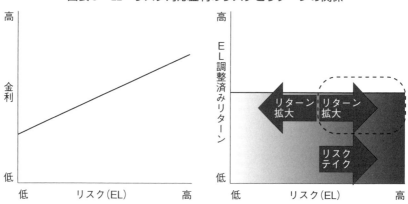

　一律金利であったときの信用リスク管理とリスク対応金利であるときの信用リスク管理を比べてみよう。**図表3-22**の矢印に注目してほしい。**図表**

3−21ではリターン拡大とリスクテイクの矢印が反対方向を向いていた。つまり、リターンの拡大はリスクを抑制することによってもたらされるという関係であった。営業からみるとリスクテイクはネガティブな存在となる。

一方、リスク対応金利になるとリスクテイクの矢印と同じ方向のリターン拡大の矢印が加わる。つまり、リスクテイクがリターンの向上に貢献するという営業面でポジティブな戦略が生まれる。これは企業の側からみると、これまで融資を受けにくかった企業にチャンスをもたらし、銀行と企業がWin-Win の関係を構築できるということである。まさに、銀行のあるべき姿にほかならない。

それでも、リスク対応金利の導入が進まないのはいくつかの理由がある。たとえば、長年取引してきた地域の老舗企業や有力企業に対する金利の引き上げは地域金融機関のイメージを悪化させる可能性がある。また、金利収入が少なくても、さまざまな手数料収入でカバーできれば、金利収入を増やすよりも取引先数を維持する方が銀行にとってはメリットがあるということもある。複数の要因が複雑に絡んでいると思われるが、現在のような金利競争は長くは続かないと思われる。

⑷ 一律金利 VS リスク対応金利

他の銀行に比べてリスク対応金利の導入が遅れるとどうなるだろうか。結論を先にいうと、取引先数が減少したり、信用リスクが高まったり（UL が増大したり）する可能性がある。

たとえば、**図表 3−23**のように、リスクの低い企業については、リスク対応金利を導入している銀行の金利の方が低いので、一律金利を採用している銀行からリスクの低い優良企業が流出する可能性がある（もちろん、採算度外視の低金利で顧客の流出を防ぐ方法もあるが、長続きはしないだろう）。

一方、リスクの高い企業に対する金利は、リスク対応金利を採用している銀行の方が高くなるので、リスクの高い企業群は一律金利を採用している銀行に流入する（いわゆる逆選択の発生）。

その結果、一律金利を採用している銀行は、リスクの低い企業が減り、リスクの高い企業が増える。すると、全体の信用コスト（EL）が高くなるの

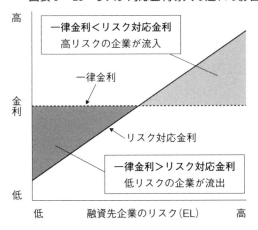

図表 3 −23　リスク対応金利導入の遅れの影響

一律金利＜リスク対応金利
高リスクの企業が流入

一律金利

リスク対応金利

一律金利＞リスク対応金利
低リスクの企業が流出

融資先企業のリスク（EL）

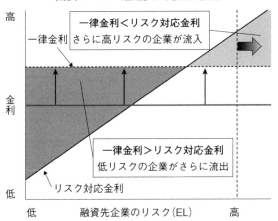

図表 3 −24　逆選択の発生の影響

一律金利＜リスク対応金利
さらに高リスクの企業が流入

一律金利

一律金利＞リスク対応金利
低リスクの企業がさらに流出

リスク対応金利

融資先企業のリスク（EL）

で、一律金利の水準を押し上げることになる。**図表 3 −24**のように、金利が
上がると、一律金利を採用している銀行からリスクの低い企業の流出とリス
クの高い企業の流入が加速するので、さらに金利を上げる必要性が生じる。
リスク対応金利の導入が遅れると、このような悪循環が生じ、銀行の収益性
が悪化する。
　したがって、多くの銀行はリスク対応金利の導入が課題と認識している

が、わが国の銀行の利ザヤをみると、リスク対応金利が適用しきれていないと考えられる。もちろん、前述したように、リスクに対応した金利の導入は容易ではない。長年の取引先や地域の企業の理解を得るには丁寧な説明と相応の時間が必要になる。しかし、他の銀行に比べて適用が遅れるほど金利面で不利な状況に立たされる。

⑸　リターンの最大化

　リスク対応金利が導入できれば、あとはこれから解説する UL のマネジメントを実践することである。UL をできる限り小さくし、自己資本の許容範囲内でリターンの最大化を図るのである。

　図表３−25はある与信ポートフォリオ（残高２兆6,000億円）のマネジメントの事例である。利益率とは、金利から信用コスト（EL）や経費を除いた銀行の利益分である。ここでは融資額に対して１％と仮定する。上の与信ポートフォリオをみると、自己資本に対するリスクの許容範囲である自己資本の割当てが1,000億円であるのに対して UL は670億円とややリスク回避的なポートフォリオになっている。利益率は融資額に対して１％なので収益は260億円である。

　そこで、下の表のように格付けの低い企業に対する融資を増やして、与信ポートフォリオの債権残高を5,000億円増やした。UL は自己資本の割当ての範囲内に収まっており、許容範囲にある一方、収益を260億円から310億円に50億円増やすことができた。

　さらに、仮に平均融資額が１億円と仮定すると、企業数を1,000社増やしたことになり、リスク分散効果の拡大が期待できる。

　この事例のように、これからの銀行は、与信ポートフォリオ管理によって、ハイリスク・ハイリターンの企業群とローリスク・ローリターンの企業群とのバランスをとるような営業を行うことによって最適なポートフォリオの構築を目指すことが求められる。

　それには、一人ひとりのバンカーがモデルのしくみを理解して使いこなし、与信ポートフォリオ管理を実践するための知識を身につけて、経験を積み重ねていくことである。

図表 3 −25　与信ポートフォリオのマネジメント

利益率	1 %
割当資本	1,000億円

格付け	残高金額（億円）	PD	LGD	EL（億円）	UL（億円）
AAA	5,000	0.5%	50%	13	25
AA	4,500	1.0%	55%	25	50
A	4,000	1.5%	60%	36	72
BBB	3,500	2.0%	65%	46	91
BB	3,000	2.5%	70%	53	105
B	2,500	3.0%	75%	56	113
CCC	2,000	3.5%	80%	56	112
CC	1,500	4.0%	85%	51	102
合計	26,000			336	670

利益（億円）	260

格付け	残高金額（億円）	PD	LGD	EL（億円）	UL（億円）
AAA	5,000	0.5%	50%	13	25
AA	4,500	1.0%	55%	25	50
A	4,000	1.5%	60%	36	72
BBB	3,500	2.0%	65%	46	91
BB	3,500	2.5%	70%	61	123
B	3,500	3.0%	75%	79	158
CCC	3,500	3.5%	80%	98	196
CC	3,500	4.0%	85%	119	238
合計	31,000			477	953

利益（億円）	310

3.4 与信ポートフォリオ管理② —— UL 管理

UL は、通常は金利に含めていない。EL を上回れば、そのぶんは赤字も
しくは目標利益に届かないということになる。赤字になれば、自己資本を取
り崩して補填する。大きな赤字が発生して、自己資本が規制水準を下回ると
業務に支障が生じる。

そこで、銀行はULの発生に備えて自己資本を管理することが求められる。
UL の管理は、UL と自己資本との関係をマネジメントすることである。UL
は、与信ポートフォリオ管理によって、ある程度はコントロールすることが
可能である。ポイントは、特定の企業や業種など、偏った取引をしないよう
にする「分散効果」とできる限り多くの企業と取引する「大数の法則を働か
せること」である。

3.4.1 UL の計算方法と留意点

(1) UL の計算方法

図表 3 −26は**図表 3 −17**の発生頻度を発生確率で描いたものである（イ
メージ）。横軸は 1 年後に発生する可能性のある損失額である。この与信ポー
トフォリオの債権金額は100億円なので、 1 年後の損失額は 0 円から100億円

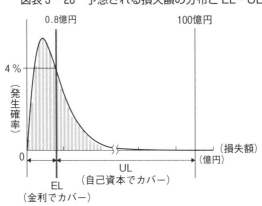

図表 3 −26　予想される損失額の分布と EL・UL

（全額毀損）まで可能性がある。

　縦軸は損失額の発生確率で、ある損失額が発生する可能性（頻度）を全体の頻度で割ることによって確率で示したものである。たとえば、0.8億円の損失が発生する確率は4％ぐらいということになる。横軸とグラフで囲まれた面積を足し合わせると100％になる。予想される損失額の平均値をEL とすると UL は EL を上回る部分になるので、この図では0.8億円超100億円未満の99.2億円部分が UL になる。

　もっとも、1年後に全額が毀損する可能性は0ではないものの、通常では考えられない。そこで、合理的に見積もれる範囲で最大損失額を推定する。たとえば、100年に1度の発生確率を想定した場合、全損失額から1％の面積を除いた点が想定する最大損失額になる。**図表3－27**の点 A がそれにあたる。0から点 A とグラフで囲まれた面積は全体の99％で、点 A は99％のVaR（バリュー・アット・リスク）である。したがって、UL は点 A の損失額から EL を引いた額になる。

図表3－27　UL の考え方

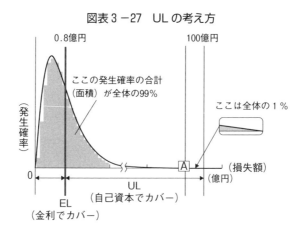

　ここで、UL に対する理解を深めるために、具体的な事例を使って説明する。まず、以下のような問題を考えてみよう。

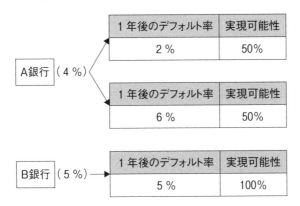

図表 3 −28　Ａ銀行とＢ銀行のポートフォリオ

1 年後のデフォルト率	実現可能性
2 ％	50％

1 年後のデフォルト率	実現可能性
6 ％	50％

1 年後のデフォルト率	実現可能性
5 ％	100％

Ａ銀行 （ 4 ％）

Ｂ銀行 （ 5 ％）

[問題]

　図表 3 −28をみてほしい。Ａ銀行とＢ銀行はどちらも100億円の債権残高があり、LGD は100％と仮定する。Ａ銀行の与信ポートフォリオのデフォルト確率は 4 ％である。ただし、Ａ銀行は B 銀行に比べて取引先数が少なく、ポートフォリオに偏りがあるため、 1 年後のデフォルト率は 2 ％になる可能性が50％、 6 ％になる可能性が50％ある。

　一方、Ｂ銀行のデフォルト確率はＡ銀行よりも 1 ％高い 5 ％であるが、取引先数が多いうえ、ポートフォリオに偏りがなく、ほどよく分散されているため、 1 年後のデフォルト率は確実に 5 ％になる。さて、信用リスク（UL）はどちらが高いだろうか。まず、EL を計算する。

Ａ銀行

　　100億円× 2 ％×100％×50％＋100億円× 6 ％×100％×50％＝ 4 億円

Ｂ銀行

　　100億円× 5 ％×100％×100％＝ 5 億円

となる。当然のことであるが、EL はＢ銀行の方が高くなる。次に、UL を考える。Ａ銀行は 2 億円の損失になる可能性が50％ある一方、 6 億円にな

る可能性も50％ある。B銀行は必ず5億円になる。可能性のある最大の損失額はA銀行が6億円であるのに対し、B銀行は5億円なので、ULを計算すると、

A銀行　6億円－EL 4億円＝<u>2億円</u>
B銀行　5億円－EL 5億円＝<u>0円</u>

となり、ULはA銀行の方が高くなる。つまり、ELはB銀行の方が高いが、ULはA銀行の方が高くなる。予想される信用コストはB銀行の方が高いが、狭義の信用リスクはA銀行の方が高いということになる。

⑵　UL管理の留意点

　ULを管理するにあたっての留意点を、先ほどの問題を例にして考えてみよう。資金調達コストなどを無視すると、B銀行の場合は、確実に5％の損失が発生する（LGDは100％）ので、ULは0になる。つまり、5％を信用コストとして金利に織り込めばリスクを確実にヘッジすることができる。

　一方、A銀行の信用コストは2％か6％のどちらかになる。この場合、**図表3－29**のように、6％の信用コストを金利に織り込めば、どちらが実現してもリスクをカバーできる。しかも、2％になれば4％の利益が見込める。ただ、この場合はB銀行よりも金利が1％高くなるので、競争力は低下する。

　そこで、**図表3－30**のように、B銀行と同じ5％に金利設定すると、6％になったときに1％の赤字が生じる。このケースでの1％の赤字分は自己資本を取り崩すことになる。

　金利をどのように設定するのか。まさに銀行の経営戦略と密接に関わっていることが分かる。

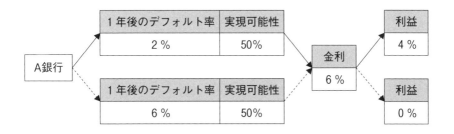

図表 3 −29　6 ％に金利を設定したケース

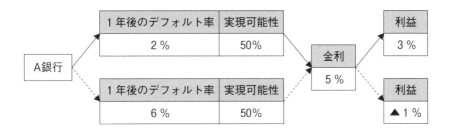

図表 3 −30　5 ％に金利を設定したケース

Memo　自己資本管理の留意点

　自己資本に余裕がある場合でも、A 銀行が留意すべき点がある。たとえば、A 銀行の自己資本の余裕額を10億円、金利を B 銀行よりも 1 ％低い 4 ％に設定するケースを考える。

　このとき、1 年後のデフォルト率が 6 ％になり、2 ％の損失分を自己資本で取り崩す可能性を考慮すると、自己資本の余裕額10億円で 4 ％の融資を実行できる融資規模は、以下のとおりとなる。

　　10億円÷（6 ％− 4 ％）＝500億円

　このケースでは、ライバルの B 銀行に比べて金利面で優位に立てるが、融資規模に制約が生じるというデメリットがある。どちらを選択するかは、経営判断になるが、UL 管理の巧拙が経営戦略に影響を与えることが分かる。

3.4.2 ULのマネジメント

前項のA銀行とB銀行の与信ポートフォリオのイメージは、**図表3−31**である。ELはA銀行よりもB銀行の方が高く、ULはB銀行よりもA銀行の方が高くなっている。狭義の信用リスクはULのことなので、リスクが低いのはB銀行になる。UL管理の目標はB銀行のような、VaRを小さくしてULを抑える与信ポートフォリオをつくることである。

図表3−31　与信ポートフォリオの形状とUL（イメージ）

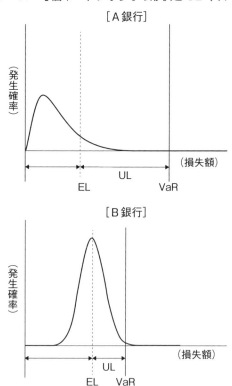

B銀行のような与信ポートフォリオをつくるにはどうすればよいのであろうか。具体的な方法は、主に以下の三つである。

(1) 取引先数を多くする

(2) 1社あたりの債権金額を均等にする

(3) 業種や地域の偏り（連鎖倒産のリスク）を小さくする

　本項では、ひとまず、連鎖倒産のリスク（相関）を考えずに(1)と(2)を解説したあと、(3)について説明する。

(1) 取引先数を多くする

　一つ目の方法は、取引先数をできる限り多くするということである。取引先数の多い与信ポートフォリオは大数の法則が働き、ELが当たりやすくなる。ということは、ULも小さくなるということである。

図表3-32　取引先数が2社の与信ポートフォリオ

[取引先数2社]

	A社	B社	損失額（損失率）	発生確率
①	○	○	0円　（　0%）	25.0%
②	×	○	50億円　（50%）	50.0%
③	○	×		
④	×	×	100億円（100%）	25.0%

注：○は生存、×はデフォルト。

　UL管理の観点から大数効果を体感してみよう。**図表3-32**は、取引先企業数が2社の与信ポートフォリオである。A社とB社にそれぞれ50億円ずつ融資した場合の1年後の状態は4つのシナリオがある。

① A社もB社も生存

② A社はデフォルトし、B社は生存

③ A社は生存し、B社はデフォルト

④ A社もB社もデフォルト

　ここで、①から④のいずれかが生じたときの損失額（損失率）は、**図表3-32**のとおりになる。②と③はいずれも2社のうち1社がデフォルトする

ケースなので、損失額は50億円（50%）で同額になる。

　つまり、１年後の損失額（損失率）のシナリオは、０円、50億円、100億円の３通りになる。三つの損失額のシナリオが生じる確率が一番右側の列である。①から④のいずれかが生じる確率はどれも４分の１なので25%であるが、50億円（50%）の損失が生じるシナリオは②と③があるので、発生確率は50%になることに注意してほしい。

　この状況を棒グラフに表したものが**図表３－33**である。縦軸は発生確率、横軸は損失額である。損失額が０円と100億円の発生確率はそれぞれ25%で、50億円の発生確率は50%になっている。

図表３－33　２社の与信ポートフォリオの損失分布

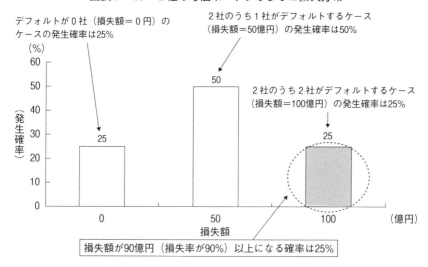

　取引先数が２社のときは損失額（率）が90億円（90%）以上になる確率は25%あることが分かる。取引先数を増やすと、この確率がどのように変化するのかをみていこう。

　取引先数を２社から３社に増やしてみる。**図表３－34**をみてほしい。１年後の３社の状態のシナリオは８通りと、２社の場合に比べて２倍に増え、損失額のシナリオも３通りから４通りに増えている。損失額のシナリオは、

174

① 全社が生存して損失額が0円
② 1社がデフォルトして33億円の損失額が発生
③ 2社がデフォルトして67億円の損失額が発生
④ 全社がデフォルトして100億円の損失額が発生

の4通りである。それぞれの発生確率は表の右側の列のとおりである。①か
ら⑧いずれかの発生確率は12.5%であるが、33億円の損失額が発生するケー
スは3通りのシナリオがあるので、12.5%×3で、37.5%となる。

図表3－34　3社の与信ポートフォリオ

[取引先数3社]

	A社	B社	C社	損失額（損失率）	発生確率
①	◯	◯	◯	0円（　0％）	12.5%
②	◯	◯	×		
③	◯	×	◯	33億円（33%）	37.5%
④	×	◯	◯		
⑤	◯	×	×		
⑥	×	◯	×	67億円（67%）	37.5%
⑦	×	×	◯		
⑧	×	×	×	100億円（100%）	12.5%

注：◯は生存、×はデフォルト。

　これを先ほどのようにグラフで示したものが**図表3－35**になる。損失額
（率）が90億円（90％）以上になる確率は12.5％になっている。2社のケース
では25％だったので、取引先数を1社増やしただけで100億円の損失が発生
する可能性が半減したことが分かる。

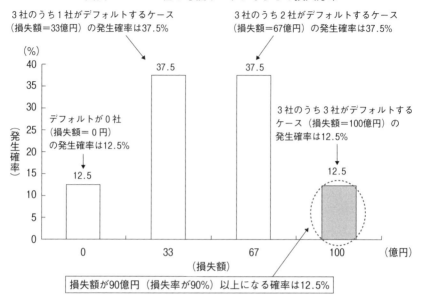

図表3－35　3社の与信ポートフォリオの損失分布

3社のうち1社がデフォルトするケース
（損失額＝33億円）の発生確率は37.5%

3社のうち2社がデフォルトするケース
（損失額＝67億円）の発生確率は37.5%

3社のうち3社がデフォルトする
ケース（損失額＝100億円）の
発生確率は12.5%

デフォルトが0社
（損失額＝0円）
の発生確率は12.5%

損失額が90億円（損失率が90%）以上になる確率は12.5%

　さらに取引先数を10社に増やしたときのグラフが**図表3－36**である。損失
額（率）が90億円（90%）以上になる確率は1.1%にまで減少している。

　取引先数を1,000社に増やしたケースが**図表3－37**である。ここまでくる
と、グラフでは確認することができないほど小さくなっている。実際に計算
してみると、「6.7×10^{-162}」となり、ほぼ「0」となる。

　図表3－37でもう一つ注目すべき点は、ELの実現可能性である。ELは
50億円であるが、かなり高い確率で50億円前後になるということが推測でき
る。取引先数が多ければ多いほど、EL（予想損失）が正確に計算でき、UL
（予想外損失）も小さくなることが分かる。

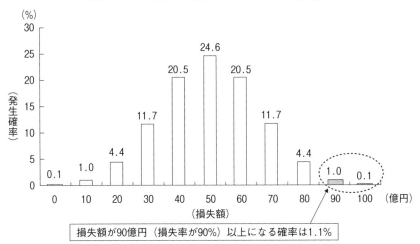

図表 3 −36　10社の与信ポートフォリオの損失分布

損失額が90億円（損失率が90％）以上になる確率は1.1%

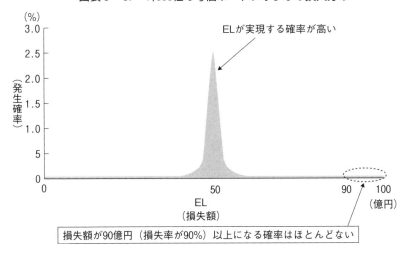

図表 3 −37　1,000社の与信ポートフォリオの損失分布

ELが実現する確率が高い

損失額が90億円（損失率が90％）以上になる確率はほとんどない

　発生確率の計算方法は以下の式で計算する（連鎖倒産のリスクは考慮していない（独立である）ことに注意）。n 社の与信ポートフォリオから将来 x 社のデフォルトが起きる確率（発生確率）$P(x)$ は、

$$P(x) = {}_nC_x \cdot d^x \cdot (1-d)^{n-x}$$

となる。ここで、d は n 社のデフォルト確率である。デフォルト確率 d を0.5とすると、3社のうち2社のデフォルトが起きる確率は、

$$ {}_3C_2 \cdot 0.5^2 \cdot (1-0.5)^{(3-2)} = \frac{3!}{(3-2)! \cdot 2!} \cdot 0.5^2 \cdot (1-0.5)^{(3-2)} $$

$$ = \frac{3 \cdot 2 \cdot 1}{1 \cdot 2 \cdot 1} \cdot 0.25 \cdot 0.5 = 0.375\,(37.5\%) $$

となり、**図表3-34**と同じであることが確認できる。

　混乱を避けるために明示しなかったが、実はこれまでの事例はすべての企業のデフォルト確率を50%として計算している。実際のデフォルト確率はもっと低いので、損失が発生する確率はさらに低くなる。たとえば、デフォルト確率を1%とすると、

$$ {}_3C_2 \cdot 0.01^2 \cdot (1-0.01)^{(3-2)} = \frac{3!}{(3-2)! \cdot 2!} \cdot 0.01^2 \cdot (1-0.01)^{(3-2)} $$

$$ = \frac{3 \cdot 2 \cdot 1}{1 \cdot 2 \cdot 1} \cdot 0.0001 \cdot 0.99 = 0.000297\,(0.0297\%) $$

となり、3社に2社のデフォルトが起きる確率は0.0297%に過ぎない。グラフも**図表3-38**のように変わる。デフォルト確率が1%ということは、デフォルトする可能性は非常に低いということなので、3社ともデフォルトしないケースの発生確率が97.03%と、最も高いシナリオとなっている。

　さらに、**図表3-39**は1,000社のケースである。90億円（90%）の UL が発生する確率はほぼ0である。EL が1億円近辺になる可能性も非常に高いことが分かる。

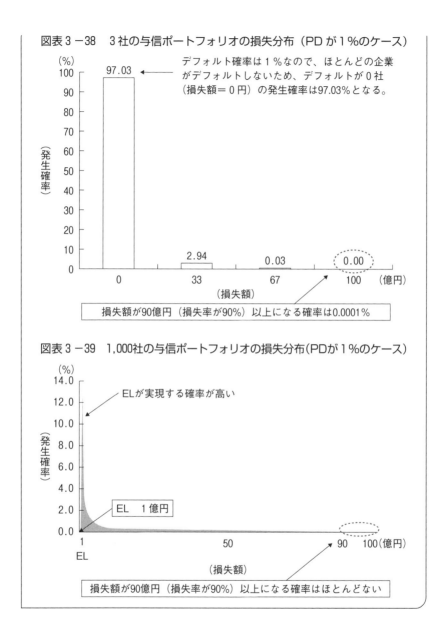

図表 3 −38　3 社の与信ポートフォリオの損失分布（PD が 1 ％のケース）

（％）

デフォルト確率は 1 ％なので、ほとんどの企業がデフォルトしないため、デフォルトが 0 社（損失額＝ 0 円）の発生確率は97.03％となる。

97.03

（発生確率）

2.94

0.03

0.00

0　　　　　　33　　　　　67　　　　　100　（億円）

（損失額）

損失額が90億円（損失率が90％）以上になる確率は0.0001％

図表 3 −39　1,000社の与信ポートフォリオの損失分布（PD が 1 ％のケース）

（％）

ELが実現する確率が高い

（発生確率）

EL　1 億円

1　　　　　　　　　　50　　　　　　　　90　100（億円）

EL

（損失額）

損失額が90億円（損失率が90％）以上になる確率はほとんどない

⑵　1社あたりの債権金額を均等にする

　取引先数が多くなればなるほど、UL が小さくなる様子が実感できただろうか。ただし、これには前提がある。それは、1社あたりの取引金額がおおむね均等であるということだ。つまり、特定の企業群や業種などに高額の債権を保有するという与信集中がないと仮定している。この仮定が UL を減少させる二つ目の方法になる。

図表 3 −40　均等 PF と与信集中 PF

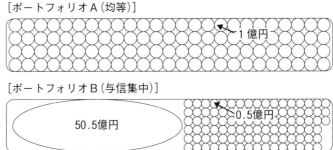

　融資金額が均等でないケースを考えてみよう。たとえば、1社の取引金額が債権残高の数十パーセントを占めるような場合はどうなるだろうか。**図表 3 −40**は100億円を100社に均等に1億円ずつ融資しているポートフォリオ A と、100億円のうち、1社に50.5億円を融資し、残りの99社に均等に0.5億円ずつ合計49.5億円融資しているポートフォリオ B を比べたものである。

　どちらもデフォルト率は2％、LGD は100％とする。したがって、どちらのポートフォリオも2社がデフォルトし、EL は2億円ということになる。ポートフォリオ A はどの企業がデフォルトしても損失額は EL と同じ2億円となるが、B の損失額は、51億円と1億円の2通りとなり、EL は必ず外れる。EL が外れるということは、予想外の損失である UL が増えるということである。与信集中があると UL は高くなる。UL を小さくするには、A のように100社に1億円ずつ融資することが望ましい。

　この状況を分布のイメージで確認してみよう。**図表 3 −41**は特定の取引先

に融資が集中しているケースである。右側のすそ野にコブがある。このコブは特定の高額与信先がデフォルトしたときの損失額である。高額与信先がデフォルトすることによって大きな損失が発生する確率が高いことが分かる。

図表3-41　与信集中ポートフォリオの分布（イメージ）

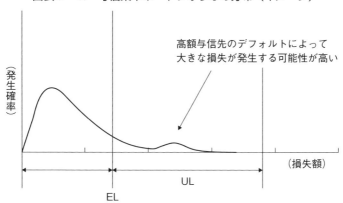

高額与信先のデフォルトによって
大きな損失が発生する可能性が高い

（発生確率）

（損失額）

EL

UL

(3)　業種や地域の偏り（連鎖倒産のリスク）を小さくする

　たくさんの取引先に均等に融資することによって、予想外の損失、つまりULを小さくすることができる。それでも、ULが大きくなるポートフォリオがある。

　たとえば、取引先の大半が同じ業種だったり、特定の大企業の下請先だったりすると、連鎖倒産する可能性が高くなるので、ULは大きくなる。ここまでは連鎖倒産のようなリスクがないことを前提に議論していた。つまり、すべてのパターンの発生確率が等しいことが前提だった。この点が二つ目の前提であり、ULを小さくするための三つ目の方法である。すなわち、業種や地域の偏りを小さくして、連鎖倒産のリスクを小さくすることである。

　連鎖倒産のリスクとはどんなものなのかを事例を使って解説する。**図表3-42**に連鎖倒産リスクがないポートフォリオ（ケース1）と、連鎖倒産リスクがあるポートフォリオ（ケース2）がある。分かりやすさを優先して、いずれもPDを50%と仮定している。

どちらのポートフォリオも取引先はA社、B社、C社の3社で、各企業に100億円ずつ融資している。ケース2では、A社とB社が同じ企業の下請先で、連鎖倒産リスクがあると仮定する。つまり、A社がデフォルトするとB社もデフォルトし、B社がデフォルトするとA社もデフォルトするという関係にある。ケース1（各シナリオの発生確率が均一）に比べて、ケース2は「××○」や「×××」などの発生シナリオが増えている（各シナリオの発生確率が不均一）ことが分かる。

ケース1とケース2の損失額を比較してみよう。ケース2の**太字**の部分に

図表3－42　連鎖倒産の事例

［ケース1］

デフォルト企業数	A社	B社	C社	デフォルト企業数	損失額
0社	○	○	○	0社	0円
1社	○	○	×	1社	100億円
	○	×	○		100億円
	×	○	○		100億円
2社	×	×	○	2社	200億円
	×	○	×		200億円
	○	×	×		200億円
3社	×	×	×	3社	300億円

［ケース2］

デフォルト企業数	A社	B社	C社	デフォルト企業数	損失額
0社	○	○	○	0社	0円
1社	○	○	×	1社	100億円
	○→×	×	○	2社	**200億円**
	×	○→×	○		**200億円**
2社	×	×	○		200億円
	×	○→×	×	3社	**300億円**
	○→×	×	×		**300億円**
3社	×	×	×		300億円

182

注目してほしい。ケース1では生存している場合でも、ケース2では連鎖倒産によってデフォルトするので、損失額が100億円増えていることが分かる。このように、連鎖倒産リスクがあると、損失額が予想以上に大きくなる。

　図表3－43は、ケース1とケース2の損失額の分布を示したものである。損失額が300億円になるケースは、ケース1の12.5%からケース2の37.5%に増えており、ULが増加している様子がよく分かる。

図表3－43　連鎖倒産リスクがある場合の損失分布の変化

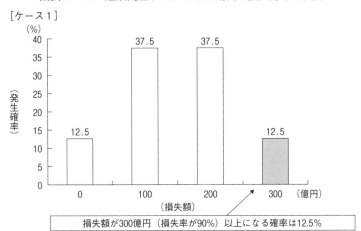

[ケース1]

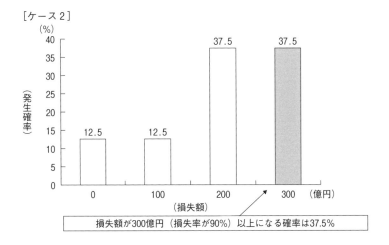

[ケース2]

以上のように、たくさんの会社に、均等に、偏りなく、債権を保有すれば、予想外損失の可能性が小さくなることが分かった。与信ポートフォリオ管理の基本は「リスク分散」である。金融工学やファイナンス理論を学ぶと一度は必ず聞く言葉であるが、「卵を一つのカゴに盛るな！」という言葉のとおりである。リスク分散はリスク管理では非常に大切な概念である。

3.4.3　与信ポートフォリオ管理の実務と課題

　AI審査モデルの導入によって企業の信用リスクをPD（デフォルト確率）という統一的な数値で示すことが可能になった。しかも、デフォルト確率という将来の予測値で示せるようになった。つまり、与信ポートフォリオの将来の姿を数量的に把握できるようになったのである。

　具体的には**図表3－44**のように同じような信用リスクのグループを表す格付け別にPDやLGDなどを集計し、それらを年別、月別の時系列でモニタリングしたり、業種や地域、支店、担当者ごとに分布をみたりするなど、さまざまな分析が可能になる。さらに、VaRやストレステストなどのリスク計測、EaR（アーニング・アット・リスク）や金利の設定・検証、引当金の算出といった用途で使用され、銀行の基幹業務に欠かせない道具となっている。

図表 3 −44　与信ポートフォリオ管理の実務のイメージ

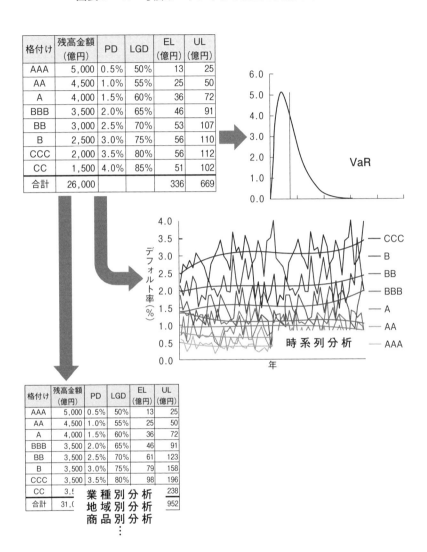

やややハイレベルな内容になるが、ここではバーゼルⅡで使用されるリスクウェイト関数（事業法人向けエクスポージャー）の概念を解説する。バーゼルⅡではULを以下のように計算する。

◆バーゼルⅡにおけるULの計算式

UL＝VaR(全体の99.9%のリスク量)−EL
　　＝融資残高(EAD)×リスクウェイト関数(K)

◆リスクウェイト関数Kの計算式

$$K = \left\{ LGD \times N \left(\frac{N^{-1}(PD) + \sqrt{R}N^{-1}(0.999)}{\sqrt{1-R}} \right) - LGD \times PD \right\}$$
$$\times \frac{1 + (m - 2.5) \times b(PD)}{1 - 1.5 \times b(PD)}$$

◆計算式に使用されている変数

① PD（Probability of Default）：デフォルト確率
　⇒低いほどリスクは低い

② LGD（Loss Given Default）：デフォルト時損失率
　⇒１−回収率。融資金額に対する担保や保証のカバー率が高いほど低くなる。

③ m（Maturity: 満期）：マチュリティ調整項（貸付期間）
　⇒貸付期間は短いほどリスクは低い

④ R（coRrelation）：デフォルト相関（資産相関）
　⇒連鎖倒産リスク。融資先が特定業種や地域に偏りがあると高くなる。

⑤ その他
　b：バーゼル銀行監督委員会が定めた調整関数
　N：標準正規分布の累積分布関数
　N^{-1}：標準正規分布の累積分布関数の逆関数

◆計算式の解説

$$K = \left\{ LGD \times N \left(\frac{N^{-1}(PD) + \sqrt{R}N^{-1}(0.999)}{\sqrt{1-R}} \right) - LGD \times PD \right\}$$
$$\times \frac{1 + (m - 2.5) \times b(PD)}{1 - 1.5 \times b(PD)}$$

　計算式の意味をイメージしたものが**図表3－46**である。リスクウェイト関数 K の大カッコ（点線部分）は、Bの99.9％点のリスク量を計算したものからAの EL を引いたものであり、UL を算出していることが分かる（いずれも正規分布を経由して PD の99.9％点をマッピングしている）。大カッコの後ろの部分の分数はマチュリティ調整項といって、貸付期間の長さの違いによる

図表3－46　リスクウェイト関数と損失分布の関係

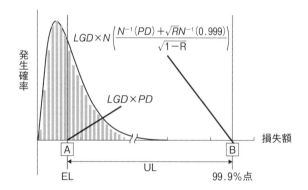

リスクを調整している。

　問題は R（相関）である。中カッコの PD の部分には R が入っているので連鎖倒産のリスクが考慮されているが、LGD の部分には R がなく、考慮されていないことが分かる。保証協会の保証などで債権がカバーされていれば相関は低いのかもしれないが、無担保無保証融資の場合は、連鎖倒産のリスクが高まれば LGD にも影響を与えると考えられる。したがって、この計算式のリスク量は、この部分に関しては過小評価となっている可能性が指摘されている。

VaR の問題点──期待ショートフォール

　UL を求めるには、まず最大損失額を導出する必要がある。VaR を使って算出するケースが一般的だが、VaR にはいくつかの問題点が指摘されている。その一つにリスク分散を図った与信ポートフォリオの方が、UL が大きくなるケースが存在するという点がある。この問題点を解決するために、期待ショートフォール（CVaR：Conditional VaR）という指標が研究され、使われるようになってきている。

　期待ショートフォールとは、VaR を超える損失額の条件付き期待値であり、大ざっぱにいえば、**図表 3 −45**の網掛け部分、具体的には VaR を超える損失額が発生する場合の損失額を平均した値である。VaR や期待ショートフォールの解説については、本書のレベルを超えるので、ジョリオン（2003）、吉田（2007）、新日本監査法人編（2003）など専門書をお読みいただきたい。

図表 3 −45　期待ショートフォールのイメージ

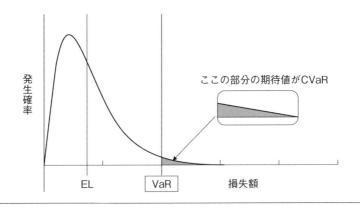

PART 4

AI 審査モデルの最新技術

PART 4 では、AI 審査モデルに関する最新の技術について解説する。いずれも慶應義塾大学理工学部枇々木規雄教授および日本政策金融公庫国民生活事業本部リスク管理部の戸城正浩氏、内海裕一氏、引寺佑輔氏、峰下正博氏と筆者との共同研究の成果である。技術的な話が中心になるので、全体的にやや専門的な内容となっているが、PART 1 から PART 3 の内容を理解した読者であれば、おおよそのことは分かると信じている。

4.1では、教育ローンモデルを題材に、ブラックボックス型モデルの精度と特徴をロジスティック回帰モデルと比較しながら解説している。4.2では、創業企業向けモデルを題材に、経営者の人的な資質を評価する技術を紹介するとともにブラックボックス型モデルとロジスティック回帰モデルとの精度比較の結果を述べている。4.3では景気動向を月次デフォルト率で評価する技術を、4.4では、回収率を推定する AI モデルについて解説する。

いずれも研究段階の内容であり、実務での活用に向けて試行錯誤している内容であることに留意してほしい。また、研究が進むなかで、今後、異なる結果になる可能性がある点にも注意が必要である。

4.1 ブラックボックス型 AI 審査モデル

これまで述べてきたように、近年、ブラックボックス型 AI 審査モデルの研究や技術開発が活発になってきている。とりわけ、教育ローンは、融資金額が小口で採算がとりにくい商品であることから、審査コストを低減させるために審査におけるモデルの依存度が高く、そのぶん精度向上への期待が高い。

筆者らは、日本政策金融公庫国民生活事業本部（以下、公庫という）が保有する教育ローンの融資データ67万4,547件を使用して、決定木をベースとするブラックボックス型 AI 審査モデルを構築し、ホワイトボックス型モデルとの精度を比較検証した。最新の研究成果の概要を解説する。

図表 4 － 1　説明変数の概要

変数	変数の数
融資先の属性情報等	7
過去の返済実績等	11

4.1.1　使用したデータの概要

　公庫は、年間約10万件の教育ローンを融資している。この研究では、2011年度から2017年度までの教育ローンの融資データ67万4,547件を用いた。分析に使った変数は、融資先の属性情報、過去の返済実績等の233変数である。この233変数を以下のプロセスで最終的に18変数に絞り込んだ。

① 　申込書や審査などで得られた233変数候補からステップワイズ法で63変数に絞り込んだ。

② 　63変数についてブラックボックス型 AI（ランダムフォレスト）を構築して変数の重要度を Feature Importance や SHAP で測定し、重要度の高い37変数を選択した。

③ 　37変数のうち変数同士の相関が高い変数、理論や経験側に合わない変数を削除して、最終的に18変数に絞り込んだ。

　図表 4 － 1 は変数の概要である。詳細を示すことはできないが、変数は融資先の属性情報と過去の返済実績に大別される。ちなみに、この18変数に、性別など倫理上問題のある情報は含まれてはいない。

　デフォルトの観測期間は、通常の基準よりも 1 年ほど長い融資後の 2 年後とし、デフォルトは「 3 か月以上延滞」となった債権と定義した。

4.1.2　モデルのタイプと評価方法

　この研究で構築したモデルのタイプとハイパーパラメータ（モデルの大枠、設定条件）は**図表 4 － 2** のとおりである。勾配ブースティング、ランダムフォレストおよび決定木といったブラックボックス型においては、過学習を防ぐために最大深さを設けている。やや専門的な話なので、詳細を知りたい

図表 4 － 2　各モデルのハイパーパラメータ

分析手法	主なハイパーパラメータ
ロジスティック回帰モデル	正則化：L2、C＝100
勾配ブースティング(注)	学習率：0.1、最大深さ：11
ランダムフォレスト	最大深さ：11
決定木	最大深さ：9

注：勾配ブースティングは、Python の XGBoost を採用している。

方は、山口・松田（2019）などを参考にしてほしい。

　アウトオブサンプルに対する頑健性のテストは5分割の交差検証で行った。具体的には、インサンプルのデータを5つのグループに分割し、分割したグループの4つを使ってモデルを構築し、残りの一つのグループのデータでAR値を測定する。この過程を5回繰り返し得られたAR値の平均値を用いた。

4.1.3　ブラックボックス型モデルの効用

　図表4－3は分析結果である。インサンプルと5分割交差検証で得られたAR値をみると、いずれの場合にも勾配ブースティングが最も高い精度であった。ロジスティック回帰モデルと比較すると、インサンプルにおいては、ブラックボックス型がいずれも精度が高くなった。

　また、5分割交差検証においても、決定木を除いてブラックボックス型のAR値が高かった。ただ、その差はロジスティック回帰モデルに比べて、10％ポイント以内であり、大きな精度向上は確認できなかった。

　さらに、**図表4－4**および**図表4－5**でも示すとおり、決定木系のブラックボックス型モデルは、インサンプルに対する交差検証のAR値が低くなっており、オーバーフィッティング（過学習）の傾向がある。

　銀行で普及しているAI審査モデルのほとんどがロジスティック回帰モデルであるが、ブラックボックス型のAR値をみると、精度向上の余地があることが分かる。また、ブラックボックス型を構築する際の変数選択で、ロジ

図表4－3　分析結果

分析手法	AR値	
	インサンプル	5分割交差検証
ロジスティック回帰モデル	59%	59%
勾配ブースティング	91%	66%
ランダムフォレスト	69%	62%
決定木	60%	55%

図表4－4　ROC曲線（インサンプル）

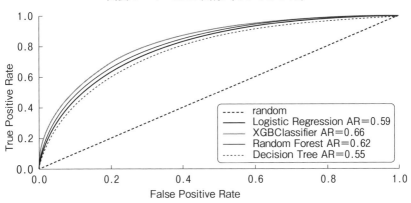

図表4－5　ROC曲線（アウトオブサンプル）

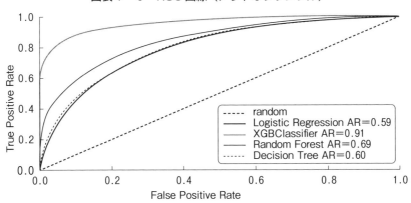

スティック回帰モデル構築時のステップワイズや経験則に基づく変数選択ではみつけられなかった変数がみつかった。

これはホワイトボックス型の変数選択のアプローチは基本的にデフォルトと線形の関係にある変数を対象にしているのに対し、ブラックボックス型はデフォルトと非線形の関係にある変数も捉えやすいことに起因していると思われる。**図表4−6**のようにブラックボックス型モデルの構築プロセスを利用した変数選択を追加することによって、デフォルトと非線形の関係にある変数を抽出し、何らかの関数近似を行ったうえで、その変数をロジスティック回帰モデルに投入すれば、さらなる精度向上が期待できる。

この点の検証については今後の研究課題であるが、この研究結果は、ブラックボックス型モデルは解釈性が劣るものの、ホワイトボックス型モデルに有効な変数を抽出したり、変数加工の必要性を確認したりする補助ツールとしての活用の有効性を示すものである。

4.2　経営者の資質を評価する技術

創業前の企業は決算書がない。それだけに経営者の資質に関する変数の活用はモデル構築にとって重要である。尾木・内海・枇々木（2017）は、創業前の限られた情報だけで AI 審査モデル（ロジスティック回帰モデル）を構築し、実務で利用可能な精度であることを明らかにした。分析の過程で「創業時の年齢」や「斯業経験年数」といった経営者の資質が重要であることを確認したが、当時はデータ数が少なく、過学習（オーバーフィッティング）の可能性があるため、ダミー変数を用いた。

その後、データの蓄積が進んだことから、今回の研究では「創業時の年齢」「斯業経験年数」といった経営者の資質に関する変数とデフォルトとの関係を見直して、モデルの精度が向上できないか分析した。さらに、最近注目されているブラックボックス型 AI 審査モデルを構築し、精度の比較を行った。

研究の結果、「創業時の年齢」は4次関数、「斯業経験年数」は2次関数で

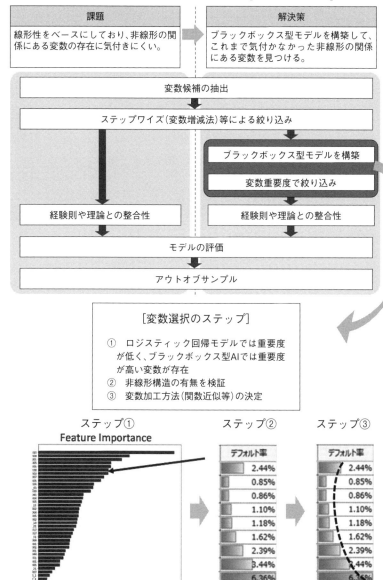

図表4－6　ブラックボックス型AIを活用した
ロジスティック回帰モデルの変数選択プロセス

［従来のプロセス］　　　　　　　　　　　［新しいプロセス］

課題	解決策
線形性をベースにしており、非線形の関係にある変数の存在に気付きにくい。	ブラックボックス型モデルを構築して、これまで気付かなかった非線形の関係にある変数を見つける。

変数候補の抽出

ステップワイズ（変数増減法）等による絞り込み

ブラックボックス型モデルを構築

変数重要度で絞り込み

経験則や理論との整合性　　　　　　経験則や理論との整合性

モデルの評価

アウトオブサンプル

［変数選択のステップ］

①　ロジスティック回帰モデルでは重要度
　　が低く、ブラックボックス型AIでは重要度
　　が高い変数が存在
②　非線形構造の有無を検証
③　変数加工方法（関数近似等）の決定

ステップ①　　　　　　ステップ②　　　　ステップ③
Feature Importance

近似したスコアを変数として投入すると、ダミー変数の場合と比べて AR 値が48.9％から50.9％に 2 ％ポイント程度上昇することを確認した。また、同じ変数を用いてブラックボックス型モデルを複数構築した結果、AR 値に大きな差異はみられなかった。

4.2.1　使用したデータの概要

　本研究の使用データは、公庫が2011年度から2017年度までに融資した創業企業92,638社の基本データを収めた DB 1 と、2017年以降に取得を開始した変数を収めた18,075社のデータ DB 2 の 2 種類のデータベースのデータである。データの概要を**図表 4 - 7** に示す。＊印は尾木・内海・枇々木（2017）のモデルで採用された変数である。

4.2.2　人的変数を関数近似したロジスティック回帰モデルの構築

①　モデル 1 の構築（創業時の年齢の関数近似）

　データベース（DB）によって使用できる変数が異なるため、DB ごとにモデルを構築し、それぞれのモデルから算出されるスコアを加重する統合モデルを構築する。まず、DB 1 の K 個の変数からモデル 1 を構築する。創業企業 i が融資後 2 年以内にデフォルトする確率 $p_{1,i}$ は以下のとおりである。

図表 4 - 7　使用データ

データベース	融資時期	データ数	主な変数
DB 1	2011年 4 月～ 2018年 3 月	92,638	＊創業時の年齢
			＊負債情報（金額、用途、履行状況）
			＊業種
			・創業時の従業者数
			・融資金額・資本金 など
DB 2	2017年 1 月～ 2018年 3 月	18,075	＊斯業経験年数
			＊創業者の手持ち資金

196

$$p_{1,i} = \frac{1}{1 + e^{z_{1,i}}}, \ z_{1,i} = ln\left(\frac{1 - p_{1,i}}{p_{1,i}}\right) = a_1 + \sum_{k=1}^{K} \beta_{1,k} f_{1,i,k}$$

　尾木・内海・枇々木（2017）は人的要因として「創業時の年齢が40歳未満」か否かのダミー変数を作成し、説明変数とした。本研究のDB1で創業時の年齢別のデフォルト率をみると、**図表4－8**のような曲線となった。

　鈴木（2012）は創業時の年齢と経済的パフォーマンスとの関係について、先行研究などを踏まえると体力と知力がアンバランスな若年層と高齢層のパフォーマンスが低いと予想されると述べている。**図表4－8**の形状はこの指摘とおおむね合致しており、年齢を変数とするには、ダミー変数ではなく、年齢別デフォルト率を関数近似することが望ましい。

　そこで、年齢とデフォルト率の関係について、①年齢別デフォルト率の3次関数近似、②4次関数近似、③5次関数近似、の3パターンを作成し、単変数AR値を④40歳未満ダミーと比較した。結果は**図表4－9**のとおりで、

図表4－8　創業時の年齢別の構成比とデフォルト率

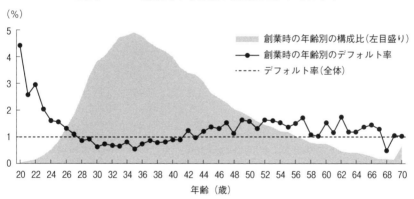

図表4－9　年齢関数のスコアの単変数 AR

	①	②	③	④
AR 値	14.8%	18.6%	18.6%	11.9%

図表 4 −10　モデル 1 の標準化回帰係数

変数名	推計値	標準化回帰係数	変数名	推計値	標準化回帰係数
定数項	▲3.79	―	負債情報 4	▲0.16	▲0.12
年齢スコア	0.63	0.13	負債情報 5	▲0.10	▲0.06
業種スコア	0.92	0.46	負債情報 6	▲0.03	▲0.04
負債情報 1	0.78	0.09	負債情報 7	▲0.09	▲0.11
負債情報 2	0.06	0.08	負債情報 8	▲1.67	▲0.11
負債情報 3	▲0.10	▲0.04	負債情報 9	▲3.00	▲0.14

③と同水準で次数の低い②の 4 次関数近似を採用した。

　他の変数を含めてステップワイズで変数選択したモデル 1 の結果を**図表 4 −10**に示す。いずれも p 値が0.1％未満で有意となった。標準化回帰係数でみると、年齢スコアは 3 番目に高い結果となった。

②　モデル 2 の構築（斯業経験年数の関数近似）

　次に、DB 2 の「斯業経験年数」と「創業者の手持ち資金」の 2 変数からモデル 2 を構築する。①と同様に、モデル 2 は以下のとおりである。

$$p_{2,i} = \frac{1}{1 + e^{z_{2,i}}}, \ z_{2,i} = ln\left(\frac{1 - p_{2,i}}{p_{2,i}}\right) = a_2 + \beta_{2,1}g_{1,i} + \beta_{2,2}g_{2,i}$$

　尾木・内海・枇々木（2017）は人的要因として「斯業経験年数 5 年以内」か否かのダミー変数を作成し、説明変数とした。本研究の DB 2 経験年数別のデフォルト率をみると、**図表 4 −11**のとおり、斯業経験年数が長くなるにつれてデフォルト率が低下するが、長すぎると上昇に転じるという曲線の関係が明らかとなった。

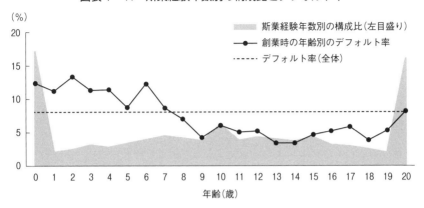

図表4−11　斯業経験年数別の構成比とデフォルト率

鈴木（2012）は創業者の斯業経験年数が長いほどデフォルトしにくいという結果を示している。ただ、斯業経験が長すぎる層は、勤務先の倒産や解雇といった予期せぬ事情でやむをえず創業した結果、デフォルト率が高くなっている可能性がある。

図表4−12　斯業経験年数関数のスコアの単変数 AR 値

	①	②	③
AR 値	12.8%	24.5%	12.2%

図表4−13　モデル2の標準化回帰係数

変数名	推計値	標準化 回帰係数	p 値
定数項	▲1.45	―	―
斯業経験年数スコア	0.92	0.21	<0.1%
創業者の手持ち資金	0.22	0.15	<0.1%

この点を反映するため、斯業経験年数とデフォルト率の関係を関数近似した。具体的には①原数値（上限20年）、②2次関数近似、の2パターンを作

成し、単変数 AR 値を③経験5年以内ダミーと比較した。結果は**図表4−12**のとおりで、AR 値が最も高い②の2次関数近似を採用した。

モデル2の結果を**図表4−13**に示した。標準化回帰係数は、斯業経験年数スコアの方が高い結果となった。

③ モデル3の構築（統合モデル）

モデル1とモデル2のスコアを用いて統合モデルのモデル3を構築する。まず、DB1とDB2の両方のデータを保有する18,075社のデータを用いて、創業企業 i ごとにモデル1のスコア $z_{1,i}^*$ とモデル2のスコア $z_{2,i}^*$ を算出する。次に、各スコアを説明変数としたロジスティック回帰モデル（モデル3）を構築する。モデル3の式は以下のとおりである。

$$p_{3,i} = \frac{1}{1 + e^{z_{3,i}}},\ z_{3,i} = ln\left(\frac{1 - p_{3,i}}{p_{3,i}}\right) = a_3 + \omega_1 z_{1,i}^* + \omega_2 z_{2,i}^*$$

モデル3の結果を**図表4−14**に示した。モデルの精度を表す AR 値は 50.2%（インサンプル）となった。

図表4−14　モデル3の標準化回帰係数

変数名	推計値	標準化回帰係数	p値
定数項	▲0.67	—	—
モデル1のスコア	0.54	0.35	<0.1%
モデル2のスコア	0.66	0.17	<0.1%

4.2.3　ブラックボックス型モデルの構築

ロジスティック回帰モデルで用いた変数を用いてランダムフォレストおよび勾配ブースティング（XGBoost）のブラックボックス型モデルを構築した。**図表4−15**はハイパーパラメータを調整して構築した結果である。トレーニングデータ（インサンプル）に比べてテストデータ（既知のデータを使った疑

図表 4－15　ブラックボックス型モデルの AR 値

モデル	トレーニング（75%）	テスト（25%）
ランダムフォレスト	83.8%	54.2%
勾配ブースティング	78.9%	49.2%

似的なアウトオブサンプル）の AR 値は大きく低下しており、ブラックボックス型の過学習（オーバーフィッティング）の様子が確認できる。

4.2.4　ホワイトボックス型とブラックボックス型の精度比較

モデルの頑健性を確認するため、未知のデータを使ったアウトオブサンプルテストを行う。2018年4月～9月の融資データ6,549件を用いて、①ダミー変数を用いたロジスティック回帰モデル、②関数近似した変数を用いたロジスティック回帰モデル、③ランダムフォレスト、④勾配ブースティングの結果を**図表 4 －16**に示す。

図表 4－16　アウトオブサンプルによる AR 値

モデル	AR 値
①　ロジスティック回帰（ダミー変数使用）	48.9%
②　ロジスティック回帰（関数近似変数使用）	50.9%
③　ランダムフォレスト	51.9%
④　勾配ブースティング	50.6%

この結果から、①から②の AR 値の上昇は、変数の関数近似の効果と分かる。また、②、③、④はほぼ同水準となり、関数近似した変数を用いたモデルの精度は、ブラックボックス型モデルと同程度となった。

この研究によって、創業企業の AI 審査モデルにおいて、重要な人的要因とデフォルトとの関係を、理論との整合性を踏まえて見直すことによって、ロジスティック回帰モデルの精度が向上することが分かった。

また、選択された変数を使って、ブラックボックス型モデルを構築した結

果、同程度の精度を得られた。今回の分析結果は、①同じ変数でも関数近似などの加工によってモデルの精度向上の余地があること、②ロジスティック回帰モデルでも変数加工によってブラックボックス型モデルと同程度の精度を確保できる可能性があることを示唆するものである。ただ、実務的には、精度に差がない場合は、モデルの解釈性や理論との整合性の観点からロジスティック回帰モデルの採用が合理的と考えられる。

4.3 景気変動を考慮する技術

　景気が急激に悪化すると、個々の企業の財務内容の良し悪しに関係なくデフォルトが発生する。景気が悪化すると、デフォルトは企業固有の要因よりもマクロ要因との相関が高くなるからである。

　たとえば、財務内容が良好で、商品や製品に競争力のある企業でも、景気悪化によって大口の取引先が倒産して注文が無くなればデフォルトする可能性がある。とくに資産規模の小さな企業は、売上げや利益の急減によって短期間で経営体力を失うことがあり、景気の悪化がデフォルトにつながることが少なくない。

図表 4 −17　RDB 企業デフォルト率の推移

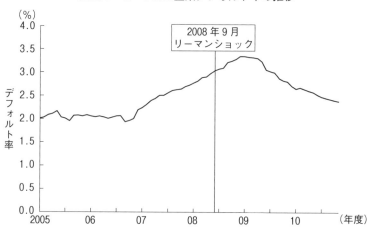

近年では、2007年頃の米国のサブプライムローン問題から始まった世界的な景気悪化とその後のリーマンショックを契機とした金融危機が、中小企業をかつてないほど厳しい状況に追い込んだ。

図表4－17はRDB（日本リスク・データ・バンク）企業のデフォルト率である。中小企業のデフォルト率は、サブプライムローン問題が表面化した2007年ごろから上昇し始め、リーマンショック後のピークを迎えるまでの約2年間で70％もの上昇を記録した。急速かつ大幅な景気悪化の影響で中小企業のデフォルト率が急上昇している。

4.3.1　景気変動がモデルの精度に与える影響

急速かつ大幅な景気悪化によって生じたデフォルト率の上昇は、AI審査モデルの精度に大きな影響を及ぼした。その影響についてモデルを用いて確認してみよう。

図表4－18は、2005〜2006年に融資した約26万件のデータを用いて、モデルで推計したデフォルト確率と実際のデフォルト率との差を検証したものである。すると、2007年は0.69％ポイント、2008年は1％ポイント近くの差が

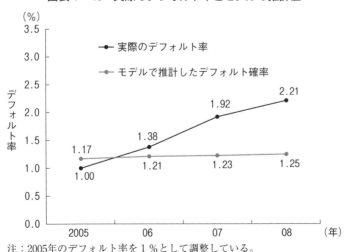

図表4－18　実際のデフォルト率とモデルの推計値

注：2005年のデフォルト率を1％として調整している。

生じていることが分かる。モデルが推計したPDよりも実際のデフォルト率の方が高いという信用リスクの過小評価は、実務にさまざまな影響を及ぼす。

たとえば、推計値で金利を設定していれば、差分だけ収益が低下するし、引当不足も発生する可能性がある。金融機関にとってはいずれも無視できない問題である。

4.3.2　景気変動を考慮する方法

景気変動によってモデルの精度が低下すると大きな問題を引き起こす可能性がある。そのため、景気変動をモデルに考慮する方法についての研究はさまざまに行われている。有力な方法は、モデルの説明変数に、景気変動を表す何らかの指標を採用する方法である。

たとえば、尾木・森平（2013）は、中小企業のデフォルト率に影響を与えるマクロ経済要因は、短期金利、長期金利、為替レート、銀行の貸出残高、株価インデックスで説明できることを明らかにした。

また、森平・岡崎（2009）は、上場企業の財務データと複数のマクロ経済指標を用いて、マクロファクターを加味した期間構造型の信用スコアリングモデルを提案し、推定PDの一致性とその有効性について検証している。

具体的な変数として、①日経平均株価指数の対前年同月比、②WTI原油先物価格指数対前年度同月比、③6か月ラグを有する景気動向指数（一致指数）の対前年同四半期比、④日経平均株価指数変化率のボラティリティ（標準偏差）を用いている。なお、④は過去20営業日の日経平均株価指数変化率から算出しており、さらにルートt倍法を用いて期間20日の標準偏差とした後に対前年同月比をとっている（ルートt倍法については、木島（1998）、吉田（2007）などの専門書を参考にしてほしい）。

分析の結果、①〜③の指標が有意になったことを示しているが、基底デフォルト確率を考慮するとマクロ経済指標が有意にならないことを示している。基底デフォルト確率とは、年度ごとのデフォルト確率である。したがって、マクロ経済指標の動きは、デフォルト率の平均値で表現できる可能性があると考えられる。

図表 4 −19　マクロファクターの AR 値の比較

サンプル期間		なし	鉱工業生産指数	TOPIX	国債利回り	WTI	前月デフォルト率
2005年 1 月〜2006年12月貸付け（n＝263,715）24か月	AR 値	48.43	49.9	49.4	49.6	49.1	49.0
	符号条件	—	×	×	○	○	○
2005年 1 月〜2007年12月貸付け（n＝398,010）36か月	AR 値	49.07	51.9	50.7	50.3	50.4	50.9
	符号条件	—	×	×	○	○	○
2005年 1 月〜2008年12月貸付け（n＝541,423）48か月	AR 値	47.5	48.6	47.5	47.7	49.4	50.2
	符号条件	—	×	—	○	○	○

　そこで、筆者らはこれらの研究を踏まえて、いくつかのマクロ経済指標と実際のデフォルト率をモデルの説明変数に採用し、そのパフォーマンスを比較した。**図表 4 −19**をみると、「鉱工業生産指数」「TOPIX」の回帰係数の符号条件が満たされておらず、景気が良いほどデフォルト率が上昇するという結果となり、整合性が得られない。「前月デフォルト率」と「WTI」は同程度のパフォーマンスを示しているが、「国債利回り」は両者に比べて長期間のサンプルで評価したときの AR 値のパフォーマンスがやや劣る。

　前月デフォルト率と WTI がほぼ同様の有効性を示しているが、森平・岡崎（2009）の分析結果を踏まえると「前月デフォルト率」が有効であると思われる。

4.3.3　景気変動を考慮したモデルの精度

　前月デフォルト率を推奨する理由はほかにもある。これまで述べたとおり、景気変動の影響をモデルに考慮するには、何らかの景気指標をモデルの説明変数に使用することが有効である。ただ、「景気」という指標はない。

そこで、景気を代理する指標として GDP や株価などの指標を考えるわけだが、業種や規模などによって、有効な指標は異なる可能性がある。

たとえば、輸出や輸入をしている企業は為替レートとの相関が高いと思われるし、内需関連の企業は GDP や株価との相関が高い可能性がある。これらを考慮して為替レートと株価を変数に採用すると、為替レートと株価は相関があるので、多重共線性（マルチコ）という統計上やっかいな問題を引き起こす。

その点、デフォルト率は中小企業のデフォルトの平均値である。変動は、企業固有の要因ではなく、共通の要因によって引き起こされると考えることができる。つまり、デフォルト率は、為替レートや株価、GDP の変動といったマクロ経済指標を複合した景気を示す指標となっている可能性がある。

実際に、前月のデフォルト率を変数として採用したときの効果を**図表 4 － 20**に示した。景気指標を考慮した新モデルの推計値が実績デフォルト率の変動をうまく捉えていることが分かる。このように前月のデフォルト率を変数として利用すれば、景気の変動をモデルに反映させることができる。

図表 4 －20　実際のデフォルト率と景気変動考慮モデルの推計値

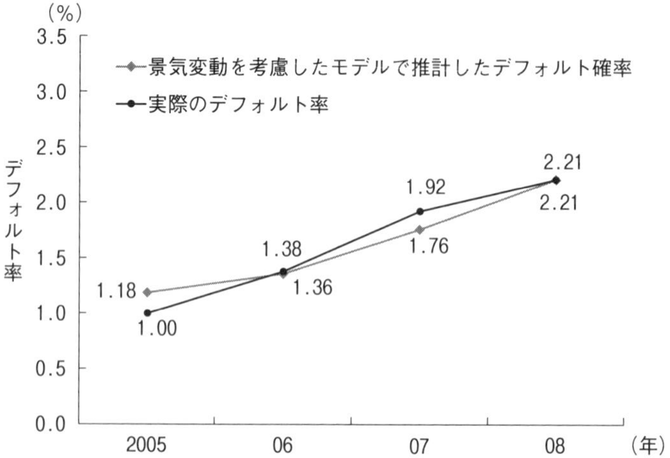

注：2005年のデフォルト率を1％として調整している。

なお、本節の内容を詳しく知りたい読者は、柚々木・尾木・戸城（2012）を参考にしてほしい。

Memo マートンの１ファクターモデル

　やや専門的な話になるが、企業価値の変動を個々の企業の固有要因とすべての企業に共通するマクロ要因に分けて考える概念がある。以下の式が、マートンの１ファクターモデルであり、バーゼル銀行監督委員会のリスクウェイト関数の出発点にもなっている公式である。

$$\tilde{\varepsilon}_{i,t} = b\tilde{X}_t + \sqrt{1-b^2}\,\tilde{\xi}_{i,t}$$

　ある企業 i の t 時点の信用度の変動、すなわち企業価値の変動 $\tilde{\varepsilon}_{i,t}$ は上の式のように表現できる。ここで、$\tilde{X}_t$ は全企業のデフォルト確率に影響を与える共通要因を表す確率変数、つまり、マクロ要因である。$\tilde{\xi}_{i,t}$ は一つひとつの企業のデフォルト要因を表す確率変数である。

　なお、$\tilde{X}_t$ と $\tilde{\xi}_{i,t}$ は基準化した値とし、互いに独立な平均０、分散１の正規分布に従うものと仮定する。b は企業固有の要因と共通の要因（≒マクロ要因）のウェイトを示している。

　数式の詳しい解説は本書のレベルを超えるので、ここまでにとどめる。要するに、この式の意味するところは、企業の信用リスクは、商品やサービスの競争力、財務力といった企業の固有要因と景気要因の加重平均で表現することができるということである。

4.4 デフォルト後の回収率を推計する AI モデル

　AI 審査モデルというと、通常は企業がデフォルトする確率を推計するモデルのことを指す。ただ、銀行が最終的に知りたいのは、貸したお金のうち、どれだけのお金が返ってこない可能性があるのかという損失率である。EL（１年後に予想される損失率）は、PD（デフォルト確率）と LGD（デフォル

トした後の損失率）を乗じて計算する。

　仮に PD が100％、つまり、確実にデフォルトする場合でも、LGD が 0 ％であれば、EL 率は 0 ％となる。したがって、デフォルトした後にどれだけのお金が回収できないのかという LGD の推計は、PD の推計と同様に重要であることが分かる。

PD		LGD		EL 率
100％	×	0 ％	=	0 ％

　LGD は 1 − 回収率で計算されるので、デフォルトした債権からどれだけ回収できるのかという回収率を推計するモデルは、デフォルト確率を推計するモデルと同様に重要なツールである。

　しかしながら、デフォルト確率を推計するモデルに比べて、回収率を推計するモデルはほとんど普及していない。データの制約が多いとか、モデル構築が難しいという技術的な側面もあるが、最大の理由はモデルを使う必要性が低いという実務的な側面からである。

　わが国の銀行は、中小企業への融資には不動産担保や保証会社の保証を付ける場合が大半である。銀行の回収率や LGD に関する研究論文をみると、担保や保証でカバーされている割合は90％近くになる。

　とりわけ、保証会社の保証は、不動産担保のように不動産価格の下落によって回収率が低下するリスクはない。保証会社の保証で債権の90％がカバーされている場合、予想回収率を90％に設定すれば誤差は生じない。

　不動産担保も価格の下落リスクを織り込んで評価しているので、評価額を割り込む可能性は低い。したがって、回収率の予測値として保全カバー率（債権額のうち担保や保証で回収可能な金額の割合）を使えば、実務的には大きな問題にはならないため、モデルを使う必要性が低いのが実態である。

　ところが、回収率を推計するモデルの必要性が年々高まっている。背景には、担保や保証に依存した融資に対する批判の高まりや信用保証協会の保証割合の引き下げ、民法の改正などがあり、担保や保証のカバー率が低い融資が増えているからである。

図表 4 −21　無担保無保証融資の回収率分布

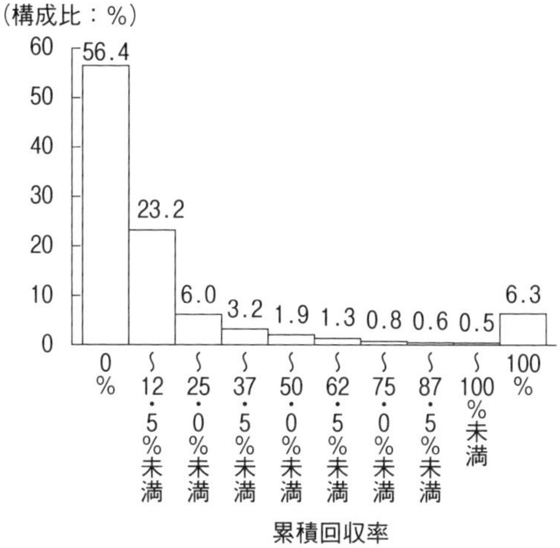

（構成比：％）

無担保無保証融資の割合が高い融資が増えると、なぜ、回収率モデルが必要になるのか。理由は主に二つある。

一つ目は、リスクを過大評価する可能性が高くなるからである。予想回収率として保全カバー率を用いると回収率は０％となってしまう。ただ、公庫が融資した2004年度、2005年度、2007年度、2008年度（2006年度はデータの補正が行われたので除外している）にデフォルトした債権のデフォルト後平均１年間の回収データをみると、無担保無保証融資の回収率は平均して10〜20％ぐらいある。図表４−21のように、個々の債権についてみると、100％回収できることもあり、０〜100％までさまざまな値をとる。

つまり、保全カバー率を推定値に用いて無担保無保証部分を０％と設定すると、リスクを過大評価する可能性があるということである。信用コストを高く見積もると、必要以上に金利が高くなり、価格競争力が低下する。

二つ目の理由は、無担保無保証部分の回収率は、デフォルト企業の財務内容や経営者の資産負債状況、貸付条件などに左右されるという点である。図表４−22は、公庫のデータを使って無担保無保証融資の財務格付けと回収率との関係を示したものである。財務格付けの高い企業ほど回収率が高くなっ

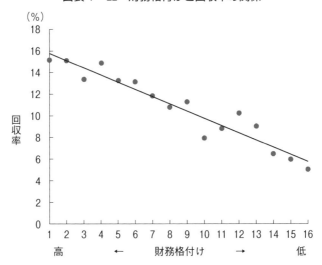

図表 4 −22　財務格付けと回収率の関係

ており、無担保無保証融資の回収率は企業の財務内容が良い企業ほど高いという傾向がある。財務内容と回収率は相関があると考えられる。

　また、返済期間が長いほど回収率が低く、融資金額が少ないほど高い傾向にあるなど貸付条件にも左右される。そのため、無担保無保証融資の回収率は、財務内容や貸付条件などを説明変数に用いたモデルを使って推計することが望ましいといえる。

　無担保無保証割合の増加に伴って、回収率推計モデルを導入する銀行も徐々に増えてきた。本節では、そのしくみを解説する。

4.4.1　デフォルト確率と回収率の違い

　回収率を推計するモデルのタイプはさまざまあるが、デフォルト確率を推計するモデルと同様に、ロジスティック回帰モデルをベースにしたモデルが多い。したがって、モデルの構造は、以下のようにデフォルト確率を推計するモデルと基本的には同じである。

回収率＝0.3×自己資本率＋0.2×不動産価格指数
　　＋0.1×▲▲比率＋・・・＋0.2×◎◎比率

　ただ、デフォルト確率を推計するモデルとの大きな違いが二つある。一つは観測される値の違いである。デフォルトは、デフォルトするかしないかという二つの結果しかない。数字で表すと1（デフォルト）か0（非デフォルト）の2値だけである。一方、回収率の値は、**図表4－21**のように、0％から100％までさまざまな値をとる。

　図をよくみると、端の0％と100％が高くなっていることが分かる。このような分布を峰が二つあるという意味で双峰型分布と呼んでいる。デフォルトしても、残った資産から資金を回収できれば100％になるし、資産が残っていなければ0％になる。

　もう一つの特徴は、デフォルトは一時点の現象であるが、回収という行為はデフォルト後、何年にもわたって行われる可能性があるという点である。貸出債権は通常、市場で売買されないので、回収は債務者から直接行うことになる。大半のケースでは、2～3年で回収活動を終了するが、なかには10年以上かかるケースもある。

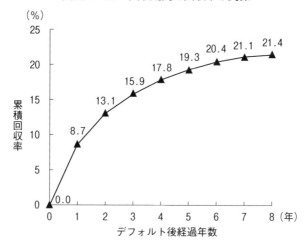

図表 4 −23　回収期間と回収率の関係

　図表 4 −23は、無担保無保証融資のデフォルト後の回収率の推移を示した
ものである。3 年を経過すると急速に回収のスピードが落ち、おおむね 5 年
で収束しているが、なかには 7 、8 年の期間を要しているものもある。

4.4.2　回収率モデルのしくみ

　本項では回収率を推計するモデルのしくみを解説する。回収率モデルのタ
イプはさまざまあり、まだスタンダードと呼べるものはない。ここでは筆者
らが提案したロジスティック回帰モデルを説明する。

　PART 2 で述べたように、デフォルト確率を推計するモデルは、デフォル
トするかしないかという「0」と「1」の実績からデフォルト確率を推計する。
前項で、回収率は 0 〜100％の値をとるという相違点があると述べたが、回
収率を推計するモデルもまず回収率を 2 値に分けて考えることから始める。

　なぜ、わざわざ 2 値に分けて考えるのかについては専門的な話になるので
詳しくは述べないが、大ざっぱにいうと、0 〜100％の値を使ってモデルを
構築しようとすると、構造が複雑になる一方で、それほどの精度向上が期待
できないからである。回収率モデルの研究の歴史はまだ浅く、発展途上の段
階にあるので、今後の研究開発によって、このようなモデルの精度向上が期

待されるところである。

　筆者らが提案するモデルは、2段階で回収率を推計する。第1段階は、**図表4－21**に示したように、無担保無保証融資の回収率の分布が0％の構成比が高く、0％から離れるにしたがって構成比が低くなっているという特徴を捉えて、回収率を「0％」と「0％超」との2値に分けて、回収率を推計するロジスティック回帰モデルをつくる。

　モデルのつくり方は、デフォルト確率を推計するモデルと同じである。異なるのは、モデルに使用する変数が、財務指標や業歴などに加えて、融資金額や返済期間などの貸付条件で構成されるという点である。

　第1段階のモデルで分かるのは、ある企業に対する無担保無保証融資がデフォルトしたときの回収率が「0％」となる確率と「0％超」となる確率である。この企業の回収率は、最終的に以下の式で計算される。

　　予想回収率＝「0％の確率」×0％
　　　　　　　　＋「0％超の確率」×<u>0％超のときの予想回収率</u>

　問題は下線の0％超のときの予想回収率をどのように推計するかという点である。この部分の計算が第2段階になる。その方法は主に二つある。一つは財務指標や貸付条件などの変数を使って0％超の回収率を推計するモデルをつくる方法である。もう一つは、過去の実績の平均値を算出してその値を用いる方法である。どちらの方法を採用するかは、銀行の特性に合わせて検討する必要があるが、筆者らの比較分析では、大きな差はみられなかった。

4.4.3　回収率モデルの精度

　図表4－24のように、回収率を推計するモデルの精度は、AR値で30％程度とPD推定モデルに比べると低い水準にある。

図表 4 −24　回収率モデルの AR 値

法人企業	個人企業
34.2% （n＝5,321）	27.7% （n＝1,329）

　次ページの**図表 4 −25**は予測値として過去の平均値を用いたケースと比較したものである。誤差が10％未満の割合が、25.8％から48.3％に増加しており、モデルの使用によって推計精度が向上している様子が確認できる。それでも、10％以上の誤差が生じているケースが半分程度あり、個々の企業の回収率を推計するにはギリギリのレベルといえる。

　現在のモデルの精度では、ある程度のまとまったデフォルト債権が発生するポートフォリオの回収率の推計に用いることが望ましい。たとえば、100件以上のサンプルで回収率を推計すると、推計値と実際の値との誤差が10％以上生じたケースはほとんどない。したがって、数十件のデフォルトが発生するポートフォリオであれば、実務で利用できる可能性がある。

　回収率を推計するモデルは現在、信用リスクモデルに関する研究の中心テーマになっており、さまざまな研究が行われている。今後の研究成果を期待したいところである。

　なお、本節の詳細が知りたい読者は、中妻照雄、今井潤一、山田雄二編『ファイナンスとデータ解析（ジャフィー・ジャーナル：金融工学と市場計量分析）』の p.168〜201に掲載されている尾木・戸城・杤々木（2015）をお読みいただきたい。

図表4−25　予測値に過去の平均値を用いたケースとの比較

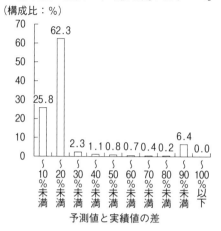

［予測値に過去の平均値を用いたケース］

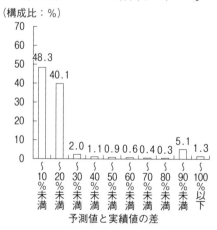

［予測値をモデルで算出したケース］

回収率の推計が難しい理由

　回収率の推計がデフォルト確率の推計よりも難しいといわれる最大の理由は、最終的な回収率が確定するまで時間を要するうえ、どれくらいの時間を要するのか事前には分からないという点である。デフォルトした債権の回収は、長い場合は10年以上かけて行われることもある。最終的な回収率は回収が終了するまで分からない。

　最終的な回収率が確定するのを待っているといつまでもモデル化できない。そこで、一定の期間で打ち切りを行っている。つまり、回収率モデルで推計しているのは最終的な回収率ではなく、デフォルトしてから一定期間後の特定の時点での回収率を推計しているということである。

　一定期間後の回収率を推計する場合、回収パターンが回収率に影響を及ぼす。たとえば、**図表 4 −26**は最終的な回収率が100％となった 2 つの債権の回収パターンを模式化したものである。

　①も②も財務内容や貸付条件は同じであるが、①は 7 年間で毎年均等に返済を行っている。一方、②は 3 年後に一括返済している。最終的な回収率はどちらも100％であるが、モデルで推定している回収率が、デフォルト後 3 年時点だとすると、①は40％であるのに対して、②は100％となる。①と②は財務内容や貸付条件、最終的な回収率も同じであるにもかかわらず、回収パター

図表 4 −26　個別債権の回収パターン

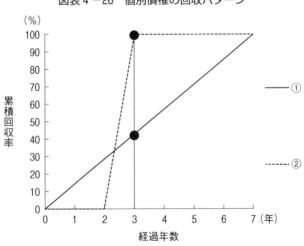

ンの違いによって、回収率が異なっている。つまり、デフォルトしてから特定の時点の回収率は、回収パターンに依存するということである。

　したがって、モデルの推計精度を上げるには、この回収パターンをモデルに加味する必要があるが、デフォルト後の回収パターンを事前に把握することはできない。以上のように、回収率は事前に知ることが難しいファクターが大きな影響を与えるので、PD推計モデルとは異なる特有の限界があることを理解しておく必要がある。

Memo　デフォルトの定義と回収率の関係

　回収率を推計するモデルをつくるとき、デフォルトの定義をよく検討しておく必要がある。デフォルトに統一的な定義はなく、機関や国によってさまざまである。

　たとえば、金融庁告示では、債務者区分で要管理先以下への遷移をデフォルトと決めているが、内部管理上は、3か月以上延滞や破綻懸念先以下と定義する金融機関が少なくない。法的破綻を指すことが一般的であった時期もあり、同じ金融機関であっても時期によって定義が異なる場合がある。

　定義が異なれば、デフォルト率の水準やLGDの水準も異なる。たとえば、デフォルトの定義が厳しいと、デフォルト率は高くなるが、そのぶんLGDは低くなる。一方、定義が緩やかだと、デフォルト率は低くなるが、そのぶんLGDは高くなる。

　もっとも、われわれが最終的に知りたい損失率はデフォルト率×LGD（＝1－回収率）なので、デフォルトの定義が厳しいかどうかは関係ない。注意すべきポイントは、PD推計モデルと回収率推計モデルのデフォルトの定義を同じにしておくことである。

【参考文献】 （著者名五十音順）

青木久武（2018）「銀行初の「レコメンド型」を実現した住信SBIの新サービス」
週刊金融財政事情2018.11.19

浅川伸一、江間有沙、工藤郁子、巣籠悠輔、瀬谷啓介、松井孝之、松尾豊著、日本
ディープラーニング協会監修（2018）『深層学習教科書　ディープラーニング
G検定　公式テキスト』翔泳社

アリス・チャン、アマンダ・カサリ（2019）『機械学習のための特徴量エンジニア
リング―その原理とPythonによる実践』オライリー・ジャパン

家田明（2018）「（マネーフォワードファイン）クラウド会計データを活用した審査
モデルで新たな貸手に名乗り」週刊金融財政事情2018.11.19

E.M.ルイス著、木下恭輔監修、アコム・プロジェクトチーム訳（1997）『クレジッ
ト・スコアリング入門』金融財政事情研究会

石川清英（2015）『事例からみた地域金融機関の信用リスク管理　営業現場におけ
る健全な融資判断』金融財政事情研究会

市原直通（2017）「不正会計はAIで見抜けるか」新日本有限責任監査法人情報セ
ンサー Vol.117

一般社団法人CRD協会ウェブサイト「CRD協会の沿革」
http://www.crd-office.net/CRD/about/enkaku.html

宇宿哲平、近藤聡、白木研吾、菅美希、宮川大介（2019）「機械学習手法を用いた
不正会計の検知と予測」RIETIディスカッションペーパーシリーズ、19-J-039

エリザベス・メイズ編、スコアリング研究会訳（2001）『クレジット・スコアリン
グ』シグマベイズキャピタル

大久保豊（2019）「貸出ビジネスは業務の9割がAIに代替される」週刊金融財政
事情2019.4.15

大久保豊、西村拓也、稲葉大明、尾藤剛、小野寺亮（2019）『人工知能と銀行経営』
金融財政事情研究会

大久保豊監修、尾藤剛著（2011）『ゼロからはじめる信用リスク管理―銀行融資の
リスク評価と内部格付制度の基礎知識』金融財政事情研究会

大村敬一、楠美将彦（2012）『ファイナンスの基礎』金融財政事情研究会

大森隆一郎（2019）「（J.スコア）日本型のAIスコアで人々の生活をもっと豊かに」
週刊金融財政事情2019.3.4

尾木研三（2017）『スコアリングモデルの基礎知識　中小企業融資における見方・
使い方』金融財政事情研究会

尾木研三（2019）「小規模企業向けデータレンディング成功のポイント」週刊金融財政事情2019.2.18

Carl Benedikt Frey and Michael A. Osborne（2013）"The future of employment: How susceptible are jobs to computerisation?"

加藤亮（2016）「機械学習による個人ローン審査業務のイノベーション」ESTRELA No.272

金光竜二（2019）「（リクルートファイナンスパートナーズ）オンライン申込で最短「即日融資」も可能　中小企業向け融資サービスで経営を支援」TheFinance、December2019

川本裕子（2015）『金融機関マネジメント　バンカーのための経営戦略論』東洋経済新報社

神崎有吾（2017）「AIを用いた企業の信用力評価・与信管理モデルの未来」EY
https://www.ey.com/ja_jp/banking-capital-markets/how-ai-will-enhance-credit-management

木島正明（1998）『金融リスクの計量化（上）バリュー・アット・リスク』金融財政事情研究会

木村泰三（1986）『与信―体験的中小企業融資の手引』中小企業リサーチセンター

久田友彦（2008）『融資業務超入門〔第2版〕』銀行研修社

公益社団法人自動車技術会（2018）「自動車用運転自動化システムのレベル分類及び定義」JASOテクニカルペーパー18004

国民生活金融公庫総合研究所（現：日本政策金融公庫総合研究所）（2007）「2007年度新規開業実態調査」

今野浩（2009）『日経プレミアシリーズ060―「金融工学」は何をしてきたのか』日本経済新聞出版

斉藤優「リスクマネジメント」三井住友銀行ウェブサイト法人向けビジネス、三井住友銀行 WEB BANKING COLLEGE
http://www.webbankingcollege.com/college/houjin/risk/1.html

佐倉勲（2020）「コロナ禍で問われる「脱フィンテック」期待先行から脱し、マネタイズ可能な収益源を確保するとき」週刊金融財政事情2020

澤木太郎、田中拓哉、笠原亮介（2017）「機械学習による中小企業の信用スコアリングモデルの構築」人工知能学会金融情報学研究会資料、SIG-FIN-019

嶋村武史（2018）「米国で急拡大するオンラインレンディング」週刊金融財政事情2018.11.19

白田佳子（2003）『企業倒産予知モデル』中央経済社

白田佳子（2019）『AI 技術による倒産予知モデル×企業格付け』税務経理協会

城田真琴（2019）「情報銀行と信用スコアリングビジネスの展望」第274回 NRI メディアフォーラム

信金中央金庫地域・中小企業研究所（2017）「フィンテックを活用した新たな融資サービス―わが国で成長する可能性―」金融調査情報29-20

信金中央金庫地域・中小企業研究所（2018）「注目を集めるオンライン融資サービス―地域金融機関との連携で広がる可能性も―」金融調査情報29-28

新日本監査法人編（2003）『統合リスク管理』金融財政事情研究会

菅野健一、淵邊善彦（2016）『起業ナビゲーター』東洋経済新報社

Scott M. Lundberg, Su-In Lee "A Unified Approach to Interpreting Model Predictions" 31st Conference on Neural Information Processing Systems（NIPS 2017）, Long Beach, CA, USA.

鈴木正明（2012）『新規開発企業の軌跡パネルデータにみる業績、資源、意識の変化』日本政策金融公庫総合研究所編集、勁草書房

関野勝弘（1996）『信用リスク管理への挑戦―信用力計量化の実務展開―』金融財政事情研究会

総務省（2018）『平成30年版情報通信白書』

高口泰太（2017）「審査に 1 秒！中国「超高速融資」の恐るべき実力」WEDGE Infinity 2017.9.22

高橋信著、井上いろは作画、トレンド・プロ制作（2005）『マンガでわかる統計学「回帰分析編」』オーム社

武下毅（2020）「サービス休止が相次ぐオンラインレンディング」週刊金融財政事情2020

武田修一（2020）「（OLTA）オンライン型ファクタリング　中小事業者向けが台頭」TheFinance、September2020

田中道昭（2019）『アマゾン銀行が誕生する日　2025年の次世代金融シナリオ』日経 BP

中小企業庁（2002）『2002年版中小企業白書』

塚崎公義（2017）「金融庁の「銀行は担保より借り手の事業性を見ろ」は危険」WEDGE Infinity 2016.12.26
http://wedge.ismedia.jp/articles/-/8531

津田博史、山田泰人（2019）「SNS 情報を用いた京都市の観光地に関する人気要因分析」日本オペレーションズ・リサーチ学会2019年秋季研究会アブストラクト集

日経BPムック（2016）『FinTech革命 テクノロジーが溶かす金融の常識』日経BP

日本銀行ウェブサイト、預金・貸出関連統計、貸出先別貸出金
http://www.boj.or.jp/statistics/dl/index.htm/

日本政策金融公庫総合研究所（2014）『米国銀行における中小企業金融の実態〜米国銀行の経営戦略・顧客獲得・リレーションシップ・融資審査と担保・人材育成・金融危機の影響について〜』日本公庫総研レポート No.2013-8

蓮見亮、平田英明（2008）「クレジット・スコアリングと金融機関経営」JCER Discussion Paper、No.116

服部直樹（2017）「AI活用が進む米国リテール金融」みずほインサイト、みずほ総合研究所

フィリップ・ジョリオン著、杉本正隆訳（2003）『新版バリュー・アット・リスクのすべて』シグマベイスキャピタル

藤野洋（2017）「AI（人工知能）による中小・中堅企業に対する与信審査の可能性」銀行実務、2017.7

フランクH.ナイト著、奥隅栄喜訳（1959）『危険・不確実性および利潤（現代経済学名著選集6）』文雅堂銀行研究社

松尾豊（2015）『角川EPUB選書021 人工知能は人間を超えるか ディープラーニングの先にあるもの』KADOKAWA

三浦翔、井實康幸、竹川正浩（2020）「入出金情報を用いたデフォルト予測モデルの検証─機械学習による実証分析─」日本統計学会誌第49巻第2号、pp.187-216

みずほ証券バーゼルⅢ研究会編（2012）『詳解バーゼルⅢによる新国際金融規制』中央経済社

宮崎絵理、沖本竜義（2013）「デフォルト率の状態変化とデフォルト判別モデルの有効性について」日本金融・証券計量・工学学会2013年度冬季大会予稿集、pp.159-170

毛利俊夫、柴田祐孝（2003）「中小企業金融におけるクレジット・スコアリング─より有効活用するための方策と今後の発展可能性─」国民生活金融公庫総合研究所調査季報第67号

森口倫（2019）「AIの活用領域は拡大中 ブラックボックス化問題に注意」REGULATIONS、March2019

森平爽一郎（2009）『応用ファイナンス講座6 信用リスクモデリング─測定と管理─』朝倉書店

森平爽一郎（2011）『信用リスクの測定と管理—Excelで学ぶモデリング』中央経済社

森平爽一郎、岡崎貫治（2009）「マクロ経済効果を考慮したデフォルト確率の期間構造推計」早稲田大学ファイナンス総合研究所ワーキングペーパーシリーズ

安田武彦、高橋徳行、忽那憲治、本庄裕司（2007）『テキスト　ライフサイクルからみた中小企業論』同友館

安田隆二、大久保豊編著（1998）『信用リスク・マネジメント革命—創造的与信判定システムの未来』金融財政事情研究会

山口達輝、松田洋之（2019）『機械学習＆ディープラーニングのしくみと技術がこれ一冊でしっかりわかる教科書』技術評論社

山下智志、三浦翔（2011）『ファイナンス・ライブラリーII　信用リスクモデルの予測精度—AR値と評価指標—』朝倉書店

山本拓（1995）『計量経済学』新世社

柳澤健太郎、下田啓、岡田絵理、清水信宏、野口雅之（2007）「RDBデータベースにおける信用リスクモデルの説明力の年度間推移に関する分析」日本金融・証券計量・工学学会2007年度夏季大会予稿集、pp.249-263

吉田洋一（2007）『金融機関役職員のためのバリュー・アット・リスクの基礎知識』シグマベイスキャピタル

与信管理協会編（2019）『与信管理入門　実務に活かせる50のポイント〔新版〕』金融財政事情研究会

リスクモンスター株式会社ウェブサイト
http://www.riskmonster.co.jp/service/rm-rating/

リスクモンスター株式会社編（2012）『与信管理論』商事法務

リスクモンスターデータ工場（2010）『日本を元気にするリスモン式与信管理力』ダイヤモンド社

李立栄（2019）「中国の個人金融におけるビッグデータの活用」季刊個人金融2019春

廉薇、辺慧、蘇向輝、曹鵬程著、永井麻生子訳（2019）『アントフィナンシャル　1匹のアリがつくる新金融エコシステム』みすず書房

涌井良幸、涌井貞美（2018）『Excelでわかるディープラーニング超入門』技術評論社

渡邉雅之（2020）「オンラインで完結する本人確認（eKYC）の法整備と課題」銀行実務、2020.11

【主要論文一覧】

[博士論文]
「小企業の信用リスク評価モデル」2016年慶應義塾大学博士論文（大学院理工学研究科）

[学術論文] ※通し番号が○囲みになっているものは査読付きの論文である。
1　内海裕一、峰下正博、尾木研三、枇々木規雄（2021）「創業企業の信用リスクモデルにおける人的要因の有効性―機械学習モデルとの比較―」日本オペレーションズ・リサーチ学会2021年春季研究発表会アブストラクト集、pp.232-233
2　引寺佑輔、尾木研三、枇々木規雄（2021）「機械学習を用いた教育ローンのクレジットスコアリングモデル」日本オペレーションズ・リサーチ学会2021年春季研究発表会アブストラクト集 pp.234-235
③　尾木研三、内海裕一、枇々木規雄（2019）「個人企業向けクレジットスコアリングモデルにおける業歴の有効性」統計数理 67(1)、pp.121-149
　　―第35回応用経済時系列研究会報告集（2018年7月）
　　―日本オペレーションズ・リサーチ学会2018年秋季研究会アブストラクト集 pp.80-81
　　―日本金融・証券計量・工学学会2018年度冬季大会予稿集、pp.42-53
④　尾木研三、内海裕一、枇々木規雄（2017）「創業企業の信用リスクモデル」『リスク管理・保険とヘッジ（ジャフィー・ジャーナル：金融工学と市場計量分析）』朝倉書店、2017年3月、pp.133-156
　　―第33回応用経済時系列研究会報告集（2016年7月）
　　―日本オペレーションズ・リサーチ学会2016年秋季研究発表会アブストラクト集、pp.206-207
5　K. Ogi, Y.Utsumi and N. Hibiki, "Credit Scoring Model for Business Start-ups", Proceedings of the 17th Asia Pacific Industrial Engineering & Management Systems Conference, 2016, Taipei, Taiwan.
⑥　尾木研三、戸城正浩、枇々木規雄（2016）「小企業のEL推計における業歴の有効性」『ファイナンスにおける数値計算手法の新展開（ジャフィー・ジャーナル：金融工学と市場計量分析）』朝倉書店、2016年3月、pp.156-178
　　―日本金融・証券計量・工学学会2015年度冬季大会予稿集、pp.157-167
　　―日本オペレーションズ・リサーチ学会2015年秋季大会アブストラクト集、pp.212-213

7 *K. Ogi, M. Toshiro and N. Hibiki, "Effect of Firm Age in Expected Loss Estimation for Small Sized Firms", Proceedings of the 16th Asia Pacific Industrial Engineering & Management Systems Conference, 2015, Ho Chi Minh City, Vietnam.*

⑧ 尾木研三、戸城正浩、枇々木規雄（2016）「小企業向け信用スコアリングモデルにおける業歴の頑健性と経営者の個人資産との関係性」Transactions of the Operations Research Society of Japan、Vol.59（2016年6月）、pp.134-159
　　―日本金融・証券計量・工学学会2014年度夏季大会予稿集、pp.45-56
　　―日本オペレーションズ・リサーチ学会2014年秋季大会アブストラクト集、pp.70-71

9 *K. Ogi, M. Toshiro and N. Hibiki, "Effect of Firm Age in Credit Scoring Model for Small Sized Firms", Proceedings of the 15th Asia Pacific Industrial Engineering & Management Systems Conference, 2014, Jeju, Korea.*

10 尾木研三、森平爽一郎「中小企業のデフォルト率に影響を与えるマクロ経済要因―1ファクターモデルを用いたアプローチ―」日本政策金融公庫論集第20号、2013年8月、pp.71-89

⑪ 尾木研三、戸城正浩、枇々木規雄「小企業向け保全別回収率モデルの構築と実証分析」『ファイナンスとデータ解析（ジャフィー・ジャーナル：金融工学と市場計量分析）』朝倉書店、2015年3月、pp.168-201
　　―日本金融・証券計量・工学学会2012年度冬季大会予稿集、pp.33-44
　　―日本オペレーションズ・リサーチ学会2013年秋季大会アブストラクト集、pp.218-219

⑫ 枇々木規雄、尾木研三、戸城正浩「信用スコアリングモデルにおけるマクロファクターの導入と推定デフォルト確率の一致精度の改善効果」Transactions of the Operations Research Society of Japan、Vol.55（2012年12月）、pp.42-65
　　―日本金融・証券計量・工学学会2011年度冬季大会予稿集、pp.97-108
　　―日本オペレーションズ・リサーチ学会2011年秋季大会アブストラクト集、pp.290-291

⑬ 枇々木規雄、尾木研三、戸城正浩「教育ローンの信用スコアリングモデル」津田博史、中妻照雄、山田雄二編『バリュエーション（ジャフィー・ジャーナル：金融工学と市場計量分析）』朝倉書店、2011年4月、pp.136-165
　　―日本金融・証券計量・工学学会2010年度夏季大会予稿集、pp.1-12
　　―日本オペレーションズ・リサーチ学会2010年秋季大会アブストラクト集、pp.126-127

⑭　枇々木規雄、尾木研三、戸城正浩「小企業向けスコアリングモデルにおける業歴の有効性」津田博史、中妻照雄、山田雄二編『定量的信用リスク評価とその応用（ジャフィー・ジャーナル：金融工学と市場計量分析)』朝倉書店、2010年3月、pp.83-116

　　―日本政策金融公庫論集 No.4（2009）、pp.71-91

　　―日本金融・証券計量・工学学会2009年度夏季大会予稿集、pp.241-260

　　―日本オペレーションズ・リサーチ学会2009年秋季大会アブストラクト集、pp.60-61

15　尾木研三、古泉宏「ドイツの中小企業政策―経済環境の変化と開業支援のしくみ―」国民生活金融公庫調査月報 No.490、2002年

16　尾木研三、神谷宏「環境ビジネスに挑む中小製造業」国民金融公庫調査季報50号、1999年8月

17　尾木研三、山中勉「米国の企業創造メカニズム―社会経済の構造変化と開業支援のしくみ―」国民金融公庫調査月報 No.442、1998年

18　尾木研三「熟練技能の機械化が求められる中小製造業」国民金融公庫調査月報 No.446、1998年

19　尾木研三「高品質を追及して発展するバルブ産地―滋賀県彦根地区―」国民金融公庫調査月報 No.440、1997年

20　尾木研三「自立の道を歩み始めた企業城下町の下請け企業群―茨城県日立市―」国民金融公庫調査月報 No.437、1997年

ほか多数

【著者略歴】

尾木　研三（おぎ　けんぞう）

専修大学商学部　准教授
博士（工学）

　1988年国民金融公庫（現・日本政策金融公庫）入庫。支店勤務を経て、1994年総合研究所。9年間にわたり中小企業の経営問題や構造問題に関する調査研究に携わる。2003年総務部企画室、2004年総合企画部。2008年国民生活事業本部リスク管理部。2017年東京地区統轄室。2019年国民生活事業本部リスク管理部副部長、2022年から現職。

　法人企業、個人企業、創業企業、教育ローンのデフォルト確率や事業資金のデフォルト後の回収率を推定する AI 審査モデルの開発や信用リスクの計測・分析・評価などを行う。「創業企業の信用リスクモデルにおける人的要因の有効性—機械学習モデルとの比較—」「機械学習を用いた教育ローンのクレジットスコアリングモデル」「個人企業向けクレジットスコアリングモデルにおける業歴の有効性」「小企業向け信用スコアリングモデルにおける業歴の頑健性と経営者の個人資産との関係性」「小企業向け保全別回収率モデルの構築と実証分析」など、AI 審査モデル（スコアリングモデル）に関する多数の論文がある。

　1996年総務庁統計センター統計研修所（現・総務省統計研修所）本科課程修了（成績優秀賞受賞）、2012年早稲田大学大学院ファイナンス研究科修了（MBA、副代表者）、2017年慶應義塾大学大学院理工学研究科後期博士課程修了（博士（工学））。

　2014年から千葉商科大学大学院中小企業診断士養成プログラム講師（非常勤）、2019年から慶應義塾大学理工学部非常勤講師、シグマインベストメントスクール金融リスク管理コース非常勤講師も務める。日本金融・証券計量・工学学会、日本オペレーションズ・リサーチ学会、応用経済時系列研究会会員。与信管理協会理事。

　主な著書に『スコアリングモデルの基礎知識—中小企業融資における見方・使い方—』（金融財政事情研究会）、『ケーススタディ中小企業経営Ⅱ　きらめく e- 中小企業—経営が変わる、インターネットで変える—』『ケーススタディ中小企業経営Ⅰ　合わせワザの経営—変化の時代の競争戦略—』（ともに共著、中小企業リサーチセンター）がある。

（2022年4月現在）

AI 審査モデルの基礎知識
モデルのしくみと信用リスク管理

2022年 5 月23日	第 1 刷発行
2023年 8 月31日	第 2 刷発行

著　者　尾　木　研　三
発行者　加　藤　一　浩

〒160-8520　東京都新宿区南元町19
発　行　所　一般社団法人 金融財政事情研究会
企画・制作・販売　株式会社 き ん ざ い
編集部　TEL 03(3355)1758　FAX 03(3355)3763
販売受付　TEL 03(3358)2891　FAX 03(3358)0037
URL https://www.kinzai.jp/

＊2023年 4 月 1 日より企画・制作・販売は株式会社きんざいから一般社団法人
金融財政事情研究会に移管されました。なお、連絡先は上記と変わりません。

印刷：三松堂株式会社

ISBN978-4-322-13998-3